Philippe Djian

In der Kreide

Die Bücher meines Lebens

*Über Salinger, Céline, Cendrars,
Kerouac, Melville, Henry Miller,
Faulkner, Hemingway,
Brautigan, Carver*

*Aus dem Französischen
von Uli Wittmann*

Diogenes

Titel der 2002 bei Éditions Julliard, Paris,
erschienenen Originalausgabe: ›Ardoise‹
Copyright © 2002 Éditions Julliard, Paris
Umschlagfoto:
Jacques Sassier/Gallimard (Ausschnitt)
Nachweis der Zitate
am Schluß des Bandes

Alle deutschen Rechte vorbehalten
Copyright © 2004
Diogenes Verlag AG Zürich
www.diogenes.ch
60/04/52/1
ISBN 3 257 06388 1

Inhalt

Vorbemerkung 7
Jerome David Salinger
  Der Fänger im Roggen 18
Louis-Ferdinand Céline
  Tod auf Kredit 30
Blaise Cendrars
  Du monde entier – Gedichte 41
Jack Kerouac
  Unterwegs 53
Herman Melville
  Moby-Dick 64
Henry Miller
  Sexus, Plexus, Nexus 71
William Faulkner
  Als ich im Sterben lag 82
Ernest Hemingway 91
Richard Brautigan
  Der Tokio-Montana-Express 101
Raymond Carver 109

Bibliographie der besprochenen Werke 119
Nachweis der Zitate 122
Register 125

Vorbemerkung

Es geht um folgendes:
»Eines Tages nahm ich ein Buch zur Hand, schlug es auf, und plötzlich geschah es. Ich las einen Augenblick wie gebannt, wie jemand, der Gold auf einem Müllplatz findet. Ich legte das Buch auf den Tisch, die Sätze glitten so leicht über die Seiten wie fließendes Wasser. Jede Zeile besaß ihre eigene Energie, dann kam eine ganz ähnliche, und die innere Substanz jeder Zeile verlieh der Seite ihre Form und rief den Eindruck eines plastisch gestalteten Texts hervor. (…) Ich nahm das Buch mit in mein Schlafzimmer, legte mich aufs Bett und las. Und lange bevor ich es zu Ende gelesen hatte, begriff ich, daß ich es hier mit einem Mann zu tun hatte, der das Schreiben verändert hatte. (…) Dieses Buch war meine erste Begegnung mit der Magie.« Charles Bukowski, 1979 (über *Ask the Dusk* von John Fante).

Ich habe eine ganz ähnliche Erfahrung mit Jerome David Salingers *Der Fänger im Roggen* gemacht, als ich achtzehn war. Ich weiß, was ein Buch bewirken kann. Ich denke dabei an eine Wunde. Ich denke an eine Wunde, die etwas Freundschaftliches hat und nicht aufhört zu bluten, um uns daran zu erinnern, daß wir lebendig sind, sogar quicklebendig, imstande, uns von einem Gefühl erfüllen zu lassen, das uns ehrt und uns Größe verleiht.

Ich denke an eine Wunde, denn seltsamerweise wird die Liebe, die wir manchen Büchern entgegenbringen, von einem gewissen Schmerz begleitet. Solche Bücher dringen tief in unser Fleisch ein, aber nicht etwa mit großem Feingefühl, sondern mit unbarmherziger Gewalt. Und wenn man daran zurückdenkt, sträuben sich die Härchen auf der Haut.

Anfang der fünfziger Jahre hat Henry Miller ein Werk mit dem Titel *The Books in my Life* publiziert. Er betrachtete sich nicht als großer Leser, schätzte aber immerhin die Zahl der gelesenen Bücher auf mehr als dreitausend. Ich komme nicht einmal auf die Hälfte und möchte das gewiß nicht als Überheblichkeit verstanden wissen, dennoch ist dieser Hinweis nicht unwichtig, denn Sie sollen ja die Möglichkeit haben, meine Autorität auf diesem Gebiet zu beurteilen.

Als Nabokov erklärte, Ezra Pound sei beschissen und Dostojewskij eine Niete (aber dieser Kerl hat *Lolita* geschrieben!...), wurde ihm von so manchem eine gewisse universitäre Kompetenz zuerkannt. Mir dagegen fehlt diese völlig: Ich präsentiere mich Ihnen wie ein Neugeborenes, blutverschmiert und mit verwuseltem Haar, und bitte Sie, mir einfach zu glauben. Ehrlich gesagt weiß ich nicht, wie ich an Ihrer Stelle reagieren würde.

Als Nabokov zwischen zwei Schmetterlingsjagden im Palace Hotel am Ufer des Genfer Sees das Leben genoß und erklärte, der Monolog der Molly Bloom sei Joyce' größte Schwäche (aber *Lolita* ist ja so ein Wunderwerk!...), war ich noch zu jung, um ihm an die Kehle zu springen und ihn mit bloßen Händen zu erdrosseln. Ich habe zwanzig

Jahre lang die letzte Seite des *Ulysses* gefaltet in der Brieftasche mit mir herumgetragen, und diese Wunde wird sich nie schließen.

Die Aufgabe, die ich mir hier gestellt habe, hat nur dann einen Sinn, wenn sie von anderen weitergeführt wird. Ich sehe keinen Reiz darin, so etwas allein zu unternehmen. Als Leser würde ich viel darum geben, wenn ich erfahren könnte, welche Werke für einige Schriftsteller die »Bücher ihres Lebens« sind, und ich stelle mir zitternd vor, was Kerouac, Brautigan oder Faulkner uns dazu hätten sagen können. Natürlich handelt es sich dabei um eine vertrauliche Sache. Es geht nicht darum, zu erfahren, *für wen* wir bereit sind, unser Leben zu lassen, sondern *wer* uns einen Stich ins Herz versetzt, *wer* uns buchstäblich in Stücke gerissen hat. Es kann ja sein, daß die große Liebe des einen oder anderen nicht Cervantes, sondern John Fante, William Saroyan oder Sherwood Anderson ist.

Die wenigen Bücher, an die ich denke, die Bücher, die nicht nur meine Arbeit beeinflußt, sondern mein Leben verändert haben, waren für mich wie ein Meteoritenregen, und dieser Regen hat zehn Jahre angehalten. Von meinem zwanzigsten bis zu meinem dreißigsten Lebensjahr. Anschließend habe ich begonnen zu schreiben. Heute bin ich fünfzig, und der Himmel ist erstaunlich ruhig geblieben… Gewiß, ich entdecke noch immer wunderbare Dinge, es kommt auch heute noch vor, daß ich ganze Nächte mit einem Buch verbringe, und manche Autoren erfüllen mich mit Begeisterung, aber es läßt sich nicht mit dem vergleichen, was ich damals empfunden habe. Keine Tränen, kein Schwindelgefühl, kein Zittern, kein unsagbares Glück, keine direkte Verbindung mehr zum Firmament. Literatur, und nicht mehr.

Diese zehn Jahre habe ich gewissermaßen in einem ständigen Rausch verbracht. Mitten in einem Sturm. Entfesselte Fluten brachen über mich herein, und ich mußte ständig darauf bedacht sein, wieder zu Atem zu kommen. Durch Zufall war es nicht Cervantes, sondern Salinger, Kerouac und auf dem Höhepunkt des Orkans Carver. Es gibt eine Zeit im Leben, in der man gleichsam befruchtet wird. Eine Zeit, die man nicht selbst im Griff hat, zumindest was die Auslösung dieses Prozesses betrifft. Dann stürmt die Welt ohne jede Rücksicht tief in unser Inneres hinein. Irgend etwas öffnet sich und schließt sich dann wieder. Was mich angeht, so waren es vor allem Amerikaner, mit Ausnahme von Céline, Cendrars und Lao-Tse.

Eigentlich war ich damals viel stärker von James Dean, Marlon Brando und Bob Dylan beeindruckt als von Schriftstellern. Ich erwartete nichts von der Literatur. Ich las nicht viel und überhaupt nur dann, wenn ich nichts Besseres zu tun hatte. Ich schenkte den Büchern kaum Aufmerksamkeit. Manchmal überraschte mich die seltsame Intensität, die von einer Buchseite ausging, aber das kam mir wie eine flüchtige, unwirkliche Erscheinung vor, von der man nicht weiß, ob man an sie glauben soll, wenn man schon seine Zeit mit Gefühlsergüssen vergeuden will.

Ich interessierte mich damals vor allem für das Leben. Für die Erfahrungen, die man im Leben machen kann. Film und Musik waren für mich angenehme Weggefährten. Sie hatten mir etwas zu sagen. Bücher dagegen noch nicht. Ich war noch nicht bereit. Vor dem *Fänger im Roggen* wußte ich nicht, was ein Buch ist. Ich glaube, man kann sein ganzes Leben lang lesen, ohne die Erfahrung zu machen, was ein Buch *wirklich* ist, und ohne je gespürt zu haben, wie man in die Knie geht und auf den Boden knallt. Es kann sein, daß man nie bereit ist, denn *in Bereitschaft sein ist alles*, wie Hamlet sagt. Nehmen Sie den guten alten Nabokov, der sich nie von irgendeiner Musik hat rühren lassen: Trotz seiner großen schriftstellerischen Leistung ist er immer der alte Rechthaber geblieben, der unfähig war, Molly Blooms herrliche Musik zu erfassen, während Bukowski weinte, wenn er Mahler hörte, und es Kerouac mit Charlie Parker ähnlich erging. Wenn man ohne Musik leben kann, muß man auch ohne Bücher leben können. Ich hatte nicht den Eindruck, darunter zu leiden. Sehen Sie doch nur, wie er hinter seinen Schmetterlingen herlief und imstande war, aus seiner Suite im Palace die geringste Lichtveränderung auf dem Wasser des Sees zu erkennen. Ich war woanders und beschäftigte mich mit anderen Dingen, aber ich war sicherlich nicht ärmer dran als er. »Wenn man auf der Suche nach dem Wissen oder der Weisheit ist«, erklärt Henry Miller, »geht man am besten direkt an die Quelle. Und die Quelle ist nicht der Wissenschaftler oder der Philosoph, der Meister, der Heilige oder der Professor, sondern das Leben selbst, die unverfälschte Lebenserfahrung.« Ich war völlig mit ihm einverstanden. Ich glaubte, die Bücher seien eine Quelle des Wissens. Ich wußte noch nicht, daß sie andere Dinge vermitteln. Daß *manche Bücher* andere Dinge vermitteln. Daß *manche Bücher* keine Bücher sind, sondern Vermittler von Emotionen, die einen in eine höhere Welt versetzen. Ich wurde von einem furchtbaren Schauder gepackt, als ich den *Fänger im Roggen* wieder schloß. Ich zitterte bei dem Gedanken, daß mir diese Erfahrung hätte entgehen können. Ich las das Buch gleich noch einmal, um sicher zu sein, daß ich nicht geträumt hatte.

Mit großer Wahrscheinlichkeit verlieben Sie sich nie in eine Schönheitskönigin. Es kann sein, daß Sie Ihre erste Liebesgeschichte mit einem Buch lieber vergessen möchten und mit niemandem darüber sprechen wollen (nehmen wir mal an, Sie hatten eine Schwäche für Paulo Coelho oder Barbara Cartland). Und wenn Sie nicht das Glück hatten, in der Jugend von Proust oder Balzac überwältigt worden zu sein, werden Sie sich erst später in Begleitung großer Autoren auf die Straße wagen können und durch die Stadt gehen, ohne befürchten zu müssen, daß man mit dem Finger auf Sie zeigt.

Das kann jeder. Spitzen Sie nur mal die Ohren. Alle lesen sie Flaubert, Stendhal oder Dostojewskij, und ihre Lieblingsautoren sind unweigerlich Chateaubriand, Homer oder Saint-Simon. Je beschränkter und dümmer sie sind, um so anspruchsvoller sind die Bücher, die sie lesen. Kein einziger Kriminalroman, kein Kitschroman, kein zweitrangiger Schriftsteller findet Eingang in ihren Bücherhimmel. Aber wen wollen sie eigentlich damit zum Narren halten? Die meisten von ihnen haben sowieso nicht genug Grips, um überhaupt etwas zu lesen, außer ein paar Seiten Spinoza zwischen dem Horoskop und dem Ratgeber für eine Schlankheitskur in irgendeiner Zeitschrift. Ich erinnere mich noch an einen Quizmaster im Fernsehen, der es doch tatsächlich geschafft hat, mich davon abzuhalten, *Unter dem Vulkan* zu lesen, so fragwürdig und gekünstelt kam mir das Vergnügen vor, das er angeblich beim Lesen des Buches empfunden hatte, ganz zu schweigen von seinem Versuch, den Zuschauer mit allen Mitteln davon zu überzeugen, daß Lowry und er auf der gleichen Wellenlänge seien. Denn genau wie sie ihre neuen Autos oder ihre Markenanzüge vorführen, haben sie auch ihre großen Autoren und weisen diese vor wie eine Visitenkarte. Doch was ist daran schon wahr? Wie soll man angesichts solcher Eitelkeit Interesse für dieses Geschwätz aufbringen?

Und warum soll man eigentlich ihre Begeisterung und ihre Leidenschaft für die Liste dieser Schriftsteller teilen, an denen angeblich niemand vorbeikommt? Erfordert es denn so viel Mut zu gestehen, daß Proust mich langweilt und mir nicht das geringste Vergnügen bereitet (selbst wenn es um Cattleya geht)? Daß Flaubert mich völlig kalt läßt? Mindert das in irgendeiner Weise ihre Leistung, oder gerate ich dadurch gesellschaftlich ins Abseits? Vielleicht sollten wir damit aufhören, uns in vorgestanzte Formen hineinzuzwängen, in ein starres Korsett, das unnötig schmerzt und uns die Luft abdrückt. Versuchen, uns besser zu ergründen, uns unsere Urteilsfreiheit zu bewahren und Gefühle zu entdecken, die nicht denen des Nachbarn gleichen und uns auch nicht von den Tempelhütern und der Herde ihrer Meßdiener ins Ohr geflüstert werden. Ich habe irgendwo gelesen, daß Richard Brautigan ein kleiner Meister sei, aber ich habe den Namen des Dummkopfs vergessen, der dieses unvergängliche Urteil gefällt hat. Sollte man nicht solchen Unsinn energisch vom Tisch fegen und die Leute, die ihn verbreiten, ein für allemal zum Teufel jagen? Sollte man sich nicht von diesen unerträglichen Zwängen befreien und den einzigen Freiraum nutzen, der uns im Grunde noch bleibt, nämlich selbst zu entscheiden, was gut oder schlecht ist, ohne irgend jemandem dafür Rechenschaft ablegen zu müssen?

Ein Autor ist nur dann interessant, wenn er die beste und subtilste Seite in uns hervorkehrt. Wenn Flaubert das gelingt, dann eben Flaubert. Aber wenn es Brautigan ist, blikken Sie sich nicht besorgt nach allen Seiten um und lassen Sie sich in Gottes Namen nicht von dem gräßlichen Minderwertigkeitsgefühl übermannen, das seine Daseinsberechtigung einzig und allein dem Druck einer Kultur verdankt, die so konventionell und weit verbreitet ist, daß es geradezu obszön ist. Wir sind wie Gänse, die man seit der Kindheit zu mästen sucht, und das Problem liegt nicht darin, herauszufinden, ob diese Nahrung gut oder schlecht ist, sondern darin, daß man sie uns gewaltsam eintrichtert. Ich wende mich heute wieder Autoren zu, die man mir gründlich vergällt hat, wie Valéry und Pascal zum Beispiel, und diese erneuten Begegnungen verdanke ich Schriftstellern wie Salinger und Brautigan, die mir den Weg geebnet haben. Sie haben mich erzogen. Sie haben mir die ersten Liebkosungen, die ersten zärtlichen Gesten zukommen lassen. Mein späterer Bezug zu Büchern ist im wesentlichen durch diese Erfahrung geprägt worden, und ihre Qualität hängt nur von meiner Fähigkeit ab, die Intensität meiner ersten Gefühlsreaktionen wiederzufinden. Denn darin besteht das ganze Geheimnis: Man muß den Schock und die Reinheit der ersten Augenblicke wiederfinden. Die Magie des ersten Buches. So wie man immer versucht, die erste Frau seines Lebens wiederzufinden. Die Frau, die einem alles gegeben hat.

Wir sind mit wenigen Ausnahmen furchtbar undankbare Geschöpfe oder absolute Dummköpfe. Aber wir haben nicht die Kraft, alles über Bord zu werfen, um wieder von vorn anzufangen. Egal, ob wir anschließend tausend oder zehntausend Bücher lesen, wir schärfen nur eine Klinge, die ein für allemal gehärtet ist.

Zum Beispiel ist es etwas ganz anderes, über Salinger zu Proust zu kommen als über Maupassant oder Čechov. Man hat nicht den gleichen Zugang. Man verhält sich anders. Als ich mit zwanzig in New York ankam, betrat ich nicht die gleiche Stadt wie ein guter Kenner von Mallarmé oder von Minou Drouet. Und trotzdem sind wir uns dort möglicherweise begegnet, und jeder ist dabei wahrscheinlich auf seine Kosten gekommen. Wir stammen aus so unterschiedlichen Welten, daß das starre Festhalten am Glauben daran, daß es so etwas wie eine Allgemeingültigkeit gäbe, lächerlich ist. Unsere innere Geometrie ist absolut nichteuklidisch. Selbst bei einem Sandwich mit warmem *pastrami* von Carnegie Deli würden wir nicht zu einem objektiven Geschmacksurteil kommen. Denn es gibt kein endgültiges Kriterium, kein unwandelbares Gesetz, keinen Autor, dessen Werk der Zeit widersteht wie Granit. Wer das Gegenteil denkt, leugnet sein eigenes Dasein, rennt mit dem Kopf gegen die Wand. Denn wir bewegen uns nicht alle in demselben Raum, besuchen nicht dieselben Städte. Die Gefühlsreaktionen, die das erste Buch ausgelöst hat, haben jede Art von Gemeinsamkeit unmöglich gemacht. Nabokov hat behauptet, nur den ersten Teil von *Auf der Suche nach der verlorenen Zeit* zu schätzen, Salinger dagegen hielt er für einen der besten Schriftsteller seiner Zeit. Nabokov hat bei der Lektüre von H. G. Wells einen Schock erlebt, Cervantes jedoch mochte er nicht. Was soll man dem noch hinzufügen?

Vielleicht doch noch etwas, das uns zwar vom Thema abzubringen scheint, aber der gleichen Geisteshaltung entspringt und einem auf die Dauer ziemlich auf die Nerven geht, nämlich die Behauptung, daß alle großen Bücher bereits geschrieben seien.

Das Witzige daran ist nicht so sehr die lächerliche Engstirnigkeit dieser Feststellung, sondern die sich dahinter verbergende panische Angst vor einer möglichen Infragestellung kultureller Formen, die durch harten Kampf errungen worden sind. Man möchte diejenigen, die sich dem Glauben hingeben, die zweite Hälfte des 20. Jahrhunderts biete einen Vorgeschmack auf die Unfruchtbarkeit der kommenden Jahrhunderte, am liebsten trösten, aber die Freundlichkeit hat ihre Grenzen, und man sieht sich gezwungen, die alten Ekel, die auf nichts und niemanden mehr hören wollen, auf der Strecke zu lassen.

Es erfordert schon eine gehörige Portion Unehrlichkeit und so einiges an hysterischer Verblendung, um nicht anzuerkennen, daß etwa Bret Easton Ellis mindestens so gut ist wie Balzac oder daß Murakami Émile Zola den Rang abläuft. Schon seit einiger Zeit reicht ein ganzes Menschenleben nicht mehr aus, um alle Monumente der Weltliteratur wirklich wahrnehmen zu können. Daher verfolgt die Behauptung, alle großen Bücher seien bereits geschrieben, nur das Ziel, das Schlimmste zu verhüten und sich vorsichtig eine ohrenbetäubende Fülle vom Hals zu halten, von der man nicht weiß, wohin sie einen katapultieren kann. Mit einem schnellen Rückzieher auf die alten Werte, der zwar nicht sehr ruhmreich ist, kann man immerhin ein paar Köpfe retten, die Mut nicht mit Waghalsigkeit verwechseln möchten.

Ich habe keine besondere Vorliebe für den verblichenen Reiz alter Filme, für ihre unkomplizierte Naivität. Denn ebensowenig wie bei der Literatur habe ich den Eindruck, daß wir auf diesem Gebiet einen Rückschritt vollzögen. Nicht immer gibt es ein Modell, das uns in den Schatten stellt, einen Vorläufer, dem wir nicht das Wasser reichen können. Ich tausche ohne das geringste Zögern Maupassant gegen den einen oder anderen zeitgenössischen Autor ein, dessen Name nicht einmal im Literaturlexikon verzeichnet ist.

Aber was ich von Maupassant halte, ist völlig nebensächlich. Ich erhebe auch nicht den Anspruch, eine Rangliste der zehn besten Autoren aller Zeiten aufstellen zu wollen (habe ich sie überhaupt gelesen?). Mein Vorhaben auf den folgenden Seiten ist viel bescheidener. Ich beschränke mich auf Bücher, die ich als junger Mann gelesen habe. Auf ein paar Wegmarken. Sie bilden keine uneinnehmbare Festung, aber mir liegen sie noch heute sehr am Herzen. Ich denke noch immer mit einer nostalgisch gefärbten Rührung an sie und bin ihnen unendlich dankbar.

Trouville, den 31. Dezember 1999

Jerome David Salinger
Der Fänger im Roggen

Im Grunde genommen erinnere ich mich nicht, was ich vor dem *Fänger im Roggen* gelesen habe. Ich nehme an, daß mir schon einige Bücher in die Hände geraten sind, aber ich entsinne mich nicht mehr. Mein Gedächtnis hat alles ausgelöscht, als wollte es reinen Tisch machen.

Ich ging damals aufs Gymnasium, das Lycée Turgot in Paris, und ich nehme an, daß der Himmel grau und die Wände ziemlich trist mit blaßgelber Farbe gestrichen waren. Ich ging wohl in die elfte Klasse und muß fünfzehn oder sechzehn gewesen sein. Es war ein reines Jungengymnasium. Ich war etwa im gleichen Alter wie Holden Caulfield, der Protagonist des Buches.

»Wenn ihr das wirklich hören wollt, dann wollt ihr wahrscheinlich als erstes wissen, wo ich geboren bin und wie meine miese Kindheit war und was meine Eltern getan haben und so, bevor sie mich kriegten, und den ganzen David-Copperfield-Mist, aber eigentlich ist mir gar nicht danach, wenn ihr's genau wissen wollt.«

Die gelben Wände und der graue Himmel waren nicht unbedingt erforderlich, aber sie stellten eine Umgebung dar, die die Lektüre von *Der Fänger im Roggen* begünstigte. Das Gefühl, eingeschlossen zu sein, zu ersticken und in einer Welt zu leben, in der sich nichts ereignete, war mir nicht fremd, und die Mädchen in meinem Alter waren irgendwo weit weg.

Dieses Buch berichtete von nichts anderem.

Aber nicht auf eine Art, wie es ein Erwachsener oder sogar einer der Autoren hätte tun können, die wir in dem Lehrbuch von Lagarde und Michard kennenlernten, sondern wie ein Ebenbürtiger und mit Worten, die meinen eigenen glichen. Das war meine erste Begegnung mit dem *Stil*, soweit ich überhaupt in der Lage war, diesen zu erkennen, denn ich hatte noch bei keinem anderen Autor zuvor diese besondere Art wahrgenommen, mit Worten zu spielen und Sätze wie durch einen Zauber zum Glänzen zu bringen.

Der Fänger im Roggen erzählt die Geschichte eines siebzehnjährigen Jungen, der kurz vor Weihnachten von zu Hause ausreißt und ein paar Tage in Manhattan verbringt. Aber das Großartige daran ist der Blick, mit dem er die Welt betrachtet, und die Überlegungen, die ihm diese Erfahrung einflößt. Es handelte sich um eine Unruhe, einen Schmerz, einen Überdruß, eine Wut, die ich gut kannte. Noch nie hatte ich mit solcher Kraft die Stimme eines anderen in meiner Brust ertönen hören.

Holden hatte recht: Diese Welt hatte nichts Wunderbares. Und für mich, wie ich glaubte, erst recht nicht, da ich mich auf dieser Seite des Atlantiks befand, wo mir alles noch trostloser vorkam. Alles, was mich damals interessierte, nämlich Musik und Filme, die einen Hoffnungsschimmer in einer Landschaft darstellten, die in einem widerlichen Nebel versunken zu sein schien, die wenigen Dinge also, an die ich mich noch klammern konnte, all das kam aus Amerika. Die Begegnung mit Holden sollte sich nicht gerade positiv auf die Gefühle auswirken, die ich für mein Land empfand.

Zu klein, zu alt, zu verschlafen. Es war wie der Kuß, den dir eine alte Tante auf die Wange drückt und dir dabei den Vorwurf macht, daß du nie etwas von dir hören läßt. Es war ein kleinkariertes Land, das einen unter seiner tödlichen Langeweile begrub. Schon das Atmen war anstrengend.

Die Welt der Erwachsenen interessierte mich nicht. Vielleicht noch weniger als Holden. Was sollte ich mit einer Literatur anfangen, die sich nicht an mich richtete?

»Jedes Mal, wenn ich an das Ende eines Blocks kam und den verfluchten Bordstein runtertrat, hatte ich das Gefühl, ich würde nie die andere Straßenseite erreichen. Ich dachte, ich würde einfach immer weiter runter, runter, runter gehen, und niemand würde mich jemals wieder sehen.«

Während ich Holden zuhörte, passierte etwas Seltsames: Ich hatte plötzlich das Gefühl, als ob nicht ich auf ihn zuginge, sondern er auf mich. Als ob er mich verstünde. Und das war eine erstaunliche Erfahrung, eine äußerst verwirrende Erfahrung, die mit einem Gefühl unkontrollierbarer Erregung verschmolz.

Darauf war ich nicht vorbereitet, und der Schock war daher um so größer.

Bis dahin hatte ich immer geglaubt, daß die Aufgabe eines Schriftstellers, was die Art zu schreiben angeht, darin bestände, gewisse Regeln anzuwenden, die mehr oder weniger für alle gelten, um zu einem mustergültigen Ergebnis zu kommen. Ich muß zugeben, daß mir die meisten Feinheiten der Sprache entgingen oder daß sie für mich kein Anlaß waren, stundenlang in Ekstase zu verfallen. Ich hatte den Eindruck, daß die Schriftsteller eine Art *Know-how* untereinander weitergaben, das einen häufig daran hinderte, sie abgesehen von dem, was sie erzählten, voneinander zu unterscheiden. Ich hatte mehr oder weniger das Gefühl, daß sie alle aus derselben Quelle schöpften und daß es keine hunderttausend Möglichkeiten gab, gut zu schreiben, sondern nur eine, der man sich fügen mußte, wenn man als Schriftsteller angesehen werden wollte. Salinger bewies mir, daß ich nichts begriffen hatte.

Er verabreichte mir eine Pferdekur. Vermutlich war es das einzig erfolgversprechende Mittel angesichts der Bedrohlichkeit meines Zustands.

Ich erinnere mich nicht mehr, ob ich *wirklich* gelacht und geweint habe, während ich den *Fänger im Roggen* las, aber ich weiß, daß ich noch mehrere Tage lang zitterte, nachdem ich das Buch wieder geschlossen hatte.

Ich war zweifellos zu diesem Zeitpunkt ein ideales Opfer. Zum einen war ich nicht auf der Hut, und darüber hinaus besaß ich keinerlei Erfahrung auf diesem Gebiet. Ich war wie ein Kind, das einen Sprengkörper findet und ihn nach allen Seiten dreht und wendet.

Ich entdeckte schließlich, daß ich nicht als einziger dem Zauber vom *Fänger im Roggen* erlegen war. Mehrere Millionen Exemplare waren auf der ganzen Welt verkauft worden, und Holden Caulfield schlug mit seinen Abenteuern immer mehr Leser in seinen Bann. Seine ungezwungene, zynische Haltung, sein Sinn für das Pathetische, sein Humor, seine Träume vom Ausreißen und seine ohnmächtige

Auflehnung hatten ihre Wirkung nicht verfehlt. Viele von uns waren ihm verfallen. Holden legte unsere Wunden bloß und enthüllte unsere Ängste, indem er blindlings gegen den Spiegel einer zufriedenen Welt rannte, die keinen Andersdenkenden zu Wort kommen ließ. Aber das war nicht alles. Holden hatte *eine Stimme*.

Das Entscheidende war nicht so sehr, was er sagte, sondern *wie* er es sagte. Der Klang, die Syntax, der Rhythmus seiner Sätze. Schon nach den ersten Worten war man wie gebannt und wurde von einer Strömung, von einer so ungewöhnlichen Musik mitgerissen, daß man am ganzen Körper erschauerte.

Von diesem Augenblick an begann ich, Schriftsteller mit anderen Augen zu betrachten. Und dann las ich den *Fänger im Roggen* noch mehrere Male, um zu verstehen, wie Salinger die Sache angepackt hatte. Ich zerpflückte den Text, nahm die eine oder andere Passage unter die Lupe oder schrieb gewisse Sätze ab und vergnügte mich damit, ein Wort zu ändern, ein Komma umzustellen oder eine Wiederholung zu streichen, und mußte dabei feststellen, daß dadurch der Satz oder der ganze Absatz zusammenbrach, hölzern wurde und das verlor, was ich sehr leicht als *seine Musik* identifizieren konnte, denn die Musik war eine Materie, die ich viel besser kannte.

Diese Übung, die ich mehrere Tage lang durchführte, als handele es sich dabei um eine meiner Lieblingsbeschäftigungen, erfüllte mich mit Bewunderung für Salingers Arbeit. Um die Sache deutlich vor Augen zu führen: Ich war wie vor den Kopf gestoßen.

Selbstverständlich ließ sich der Stil vom *Fänger im Rog-*

gen nicht von den Schicksalsprüfungen trennen, die Holden Caulfield erlebte. Aber auch wenn mich seine Sicht der Dinge zutiefst berührte und mit der Gefühlswelt eines Jungen in meinem Alter vollkommen übereinstimmte, war sie keine wirkliche Offenbarung. In Film und Musik hatte es bereits Vergleichbares gegeben. Nein, die wirkliche Offenbarung kam durch seine Schreibweise. Sie war äußerst originell, völlig anders als alles, was ich kannte, und zugleich äußerst einleuchtend. Es kam mir vor, als schrecke sie vor nichts zurück, als sei sie gleichsam ein Blitz aus geballter Energie. Sie besaß ihre eigenen Regeln und gehorchte nur ihrem eigenen Ehrgeiz. Sie war eine Mischung aus Geschmeidigkeit, Empfindlichkeit und Kraft. Sie war Holdens eigentliche unschlagbare Antwort auf diese verflixte Welt, und damit zugleich auf unsere.

Ich staunte: Er hatte verdammt viel Mut! Auch wenn ich so gut wie nichts von Literatur verstand, spürte ich, daß Salinger auf eine Betonmauer eingehämmert und sie schließlich zum Umstürzen gebracht hatte, was etwas Frevelhaftes hatte. Später entdeckte ich, daß andere Schriftsteller zum Teil lange vor Salinger ähnliche Arbeit geleistet hatten, aber meine Überraschung und meine Verwirrung waren in keiner Weise vergleichbar.

Wenn ich heute eine Vorliebe für Schriftsteller habe, die sich vor allem (ich sollte besser sagen *fast ausschließlich*) für die Arbeit an der Sprache interessieren, verdanke ich das Salinger. Es gibt keine schwierigere Aufgabe, die sich ein Schriftsteller auferlegen kann. Und wenn man die Sache genauer betrachtet, gibt es im Grunde keine andere. Eine Geschichte zu erzählen, selbst wenn sie allen erdenklichen

Torturen unterzogen wird, die die »Moderne« einer neuen Epoche oder einer neuen Schule aufzwingt, oder zwei, drei Gedanken zu formulieren, deren Bedeutsamkeit hier nicht zur Debatte steht, ist etwas, was zahlreiche Menschen verstehen und was die Literatur bestenfalls stockend voranbringt. Sich dagegen mit der Materie auseinanderzusetzen und den einzigen Kampf zu führen, der eine wirkliche Daseinsberechtigung hat: dem Stil den einzigen Platz einzuräumen, der ihm zusteht, nämlich den ersten, dazu haben nur wenige Schriftsteller den Mut. Denn man schafft keinen Stil, ohne es zu merken, wie Monsieur Jourdain in Molières *Der Bürger als Edelmann*. Es erfordert viel Ausdauer und harte Arbeit, die kaum belohnt wird. Meistens wird ein Schriftsteller aus den falschen Gründen gelobt, nur selten für den Zauber seiner Art zu schreiben, über die man nichts Rechtes zu sagen vermag. Über den Stil eines Schriftstellers zu sprechen ist ein gewagtes Unternehmen, das ein persönliches Engagement erfordert. Eine Geschichte zu beurteilen oder sich ein polemisches Thema vorzunehmen wirkt dagegen wie eine erfrischende Brise, der man sich gern hingibt.

Die Schwierigkeit kommt auch daher, daß alle Schriftsteller einen Stil zu haben glauben. Sie werden nie einen sehen, der von sich behauptet, schlecht zu schreiben und kein Geschenk des Himmels empfangen zu haben. Alle, die glauben, daß es sich um eine Gnade handele, reagieren so. Sie bilden eine riesige, zähe, dunkle Masse, einen Lavastrom, dessen Temperatur seltsamerweise bei Null liegt. Die anderen schwitzen weiter am Ufer. Sie wissen, daß es nichts gibt, was man sich ein für allemal erworben hat, außer vielleicht dem vagen, nutzlosen Talent, das blöde *Knowhow* mit dem zufriedenen Lächeln eines Ikea-Managers bis zum Erbrechen zu reproduzieren.

Im Gegensatz zur Eleganz oder zur Fähigkeit, einen Raum (insbesondere in den Medien) einzunehmen, ist der Stil keine natürliche Gabe. Wenn man der Einfachheit halber erklären würde, daß der Stil das Vermögen ist, alle Erfahrungen eines Menschen in einem einzigen Satz zusammenzufassen, kann man die Sache schon besser einschätzen. Dann würde man sehen, daß nichts dem Zufall überlassen oder allgemeingültigen Regeln unterworfen werden kann. Dann würde man sehen, wie schwierig es ist, ein Wort zu wählen, ein Komma zu setzen oder die eine oder andere Maßnahme zu ergreifen. Dann würde man sehen, wie ein Schriftsteller eine Kathedrale errichtet oder eine herrliche Oper komponiert, und begreifen, daß ein Schriftsteller ohne den Stil, ohne das Vermögen, seine Stimme über den Dornensträuchern erklingen zu lassen, kaum etwas taugt. Wir haben gute Berichterstatter, gute Drehbuchautoren, gute Seelenheiler, vollkommene Gentlemen und einige Visionäre, aber wie viele wirklich schöpferische Menschen, wie viele echte Künstler? Wie viele Menschen sind verrückt genug, nicht vor der Höhe der Hürden zurückzuschrekken?

Einen Stil hervorzubringen (die Geburt der Stimme ist vergleichbar mit dem ersten Schrei, der die Lungen des Neugeborenen zerreißt) ist keine Lustpartie. Denn man kann sich nicht damit begnügen, sich einen Weg durch den Dschungel zu bahnen, auf die Gefahr hin, von ihm verschlungen zu werden, sondern man muß auch noch die eigene Andersartigkeit akzeptieren. Und außerdem muß man sich auf viel Einsamkeit und Unverständnis gefaßt machen.

Zu dem Zeitpunkt, da ich den *Fänger im Roggen* entdeckte, wußte man nicht viel über Salinger, außer daß er sich mehr oder weniger aus der Welt zurückgezogen hatte und in völliger Abgeschiedenheit in seinem Haus im entlegensten Winkel von New Hampshire lebte. Ich stellte mir vor, daß das der Preis war, den man zu zahlen hatte, wenn man von der Norm abwich: Schweiß und Tränen. Und vielleicht hatte ich nicht ganz unrecht.

Wie dem auch sei, Salinger erleichterte mir das Leben. In Zukunft wußte ich, wenn ich in eine Buchhandlung ging, was ich dort suchte. Ich nahm ein Buch, ohne darauf zu achten, wovon es handelte, und las aufs Geratewohl eine Passage. Ich hatte den Eindruck, als könnte ich jetzt einen Schriftsteller auf den ersten Blick erkennen. In Wirklichkeit gab es gar nicht so viele. Ich holte mir vor allem Muskelkater in den Armen.

Bei dieser Übung wurde mir klar, daß es, ganz allgemein gesagt, an Ideen nicht fehlte. Bei meiner bruchstückhaften Lektüre stieß ich manchmal auf Dinge, die mich an die Gefühle erinnerten, die Holden angesichts der Scheinheiligkeit und des Schwindels der Welt empfand. Er war nicht der einzige, der den Verhaltenskodex entschlüsselte, nichts von Mädchen verstand und die Kindheit als verlorenes Paradies ansah. Aber dort, wo Salinger in Fahrt kam und sich zu den Gipfeln aufschwang, begnügten sich die anderen mit einem schleppenden Bummel und nahmen allem, was durch ihre Hände ging, den Glanz.

Ich habe mich lange gefragt, warum ich so von den amerikanischen Schriftstellern fasziniert war. Wenn diese Faszination heute ziemlich nachgelassen hat – nur Philip Roth und Bret Easton Ellis üben auch heute noch diese Wirkung auf mich aus –, dann liegt das nicht etwa daran, daß ich intelligenter geworden wäre oder meine zweifelhafte Vorliebe für Folkloristisches abgelegt hätte, sondern an der Tatsache, daß die amerikanischen Schriftsteller seit einiger Zeit einfach nicht mehr so gut sind. Sie haben so lange neidisch nach Europa herübergeblickt, daß sie schließlich alle unsere Fehler übernommen haben (wobei der Hauptfehler darin besteht, sich auf den errungenen Lorbeeren auszuruhen). Doch als ich den Reiz der Buchhandlungen entdeckte, war es nun mal so, daß alle Bücher, die ich mir kaufte, den Atlantik überquert hatten. Aber das störte mich nicht sonderlich. Da ich nicht damit gerechnet hatte, daß man mir eines Tages wegen der Engstirnigkeit meiner literarischen Vorlieben auf die Finger klopfen würde, zögerte ich nicht, ihnen meine ganze Zeit zu widmen. Der Grund für diese Begeisterung lag darin, daß diese Schriftsteller eine Stimme hatten. Harte Arbeit war dazu nötig gewesen. Eine Arbeit, die nicht darauf abzielte, dem Geist des Lesers, sondern seinem Sinn für Musik zu schmeicheln. Eine Arbeit an der Intonation. An den Schwingungen und an der Modulation eines Satzes. An seiner verborgenen Schönheit. Die meisten von ihnen hatten nichts anderes anzubieten. Man hatte den Eindruck, daß sie aus einer dringenden Notwendigkeit heraus zum Schriftsteller geworden waren, unter dem Zwang der Verhältnisse und nicht weil sie jahrelang das Quartier Latin abgegrast hatten. Sie arbeiteten nach Gehör und ließen sich nicht von einem Taktstock dirigieren. Man spürte ihnen das Bedürfnis an, absolute Stimmigkeit zu erreichen, das Schreiben im Leben zu verwurzeln und es zu etwas Nützlichem, Unerläßlichem zu machen. Und nicht die Anerkennung ihrer Kollegen anzustreben, sondern für das Wohl des ganzen Landes zu wirken, was das eigentliche Ziel der Literatur ist.

Der Stil duldet es leider nicht, zerpflückt zu werden. Beim ersten Schnitt mit dem Seziermesser verflüchtigt sich der Zauber und zieht sich in die Gefilde der Seligen zurück. Man kann mir daher den Vorwurf machen, das sei leeres Gerede und es gebe keine Beweise für meine Behauptungen. Zugegeben. Aber mir geht es nicht darum, Ihnen irgend etwas zu beweisen. Es handelt sich nur um eine freundschaftliche, entspannte Unterhaltung unter Erwachsenen. Salinger beginnt sein Buch mit dem Satz »Wenn ihr das wirklich hören wollt...«. Wollen Sie vielleicht zusehen, wie ich alles zerfetze? Wollen Sie, daß wir uns Gesichtsmasken anlegen und uns über jedes seiner Worte beugen, um dessen Stellenwert und Konsistenz zu untersuchen? Wollen Sie, daß wir über jeden Funken diskutieren, den sie hervorsprühen lassen, als wären wir Experten mit eiskaltem Herzen?

Lassen Sie uns die Sache mal ernsthaft betrachten: Wer würde schon zu behaupten wagen, der Stil sei nur eine Frage von *Musik*? Unter den Anwärtern auf die Literatur gibt es Leute, die zu allen Opfern bereit sind, um ihr Ziel zu erreichen. Geben Sie ihnen einen Berg zu schlucken, versprechen Sie ihnen schlaflose Nächte und Jahre mühseliger Arbeit, und trotzdem werden sie zäh einen Fuß vor den anderen setzen, solange der Stil am Ende des Weges auf sie wartet. Wenn es nur darum ginge, Noten und die Grundbegriffe der Musik zu erlernen, dann ist nicht einzusehen, was diese guten Schüler davon abhalten sollte, gute Bücher zu schreiben. Daher muß man unbedingt hinzufügen, daß der Stil eine Frage der Musik und *zugleich* eine Betrachtungsweise ist oder, wenn man so will, eine Haltung, eine Lebensart oder auch ein *Blickwinkel*, da es darum geht, sich eine Stelle, einen Standort zu suchen, von dem aus man die Welt betrachtet.

Ich sage das nicht, um irgend jemanden zu entmutigen. Sondern nur in der Hoffnung, das zu erhellen, was ich weiter oben auszudrücken versucht habe, nämlich daß der Stil erlaubt, alle Erfahrungen eines Menschen in einem einzigen Satz zusammenzufassen. Ich kenne keinen Professor, der in der Lage wäre, dieses Kunststück zu unterrichten. Ich kenne dagegen ein paar Schriftsteller, die *nur* die Musik haben, aber ich würde sie nicht als Latrinenputzer bezeichnen: Ich vermute, sie sind ohnehin schon unglücklich genug.

Louis-Ferdinand Céline
Tod auf Kredit

Ich wußte nicht, wer Céline war. Niemand hatte mir von ihm erzählt. Daraus können Sie schon ersehen, wie wenig ich wußte. In meinem Freundeskreis schien es wichtiger zu sein, die neuste Bob-Dylan-Platte zu haben, als sich in die Literatur aus der Zeit zwischen den beiden Weltkriegen zu vertiefen (aber das Gegenteil schützt einen auch nicht vor einem Mangel).

Ich wußte nicht, was für ein Dreckskerl er war, das hat man mir später geschildert. Und das ist in gewisser Weise die Schwierigkeit, die ich mit ihm habe, denn ich habe ihn sogleich geliebt und mich nie von diesem Gefühl lösen können, auch wenn ich es gern getan hätte.

Für mich ist er der absolute Stilist. Seinen Haß auf die Juden in die Waagschale zu legen, wäre zuviel von mir verlangt. *Ich verstehe nicht*, zumindest nicht konkret, wie dieser Wahnsinn vor meiner Geburt zustande gekommen ist. Ich kann mir nur schlecht vorstellen, wie eine Welt ausgesehen haben muß, in der Millionen von Schweinehunden lebten. Ein derart auf die Spitze getriebener Haß ist ein Gefühl, das ich nicht kenne. Ich weiß, daß es ihn gibt, genau wie ich weiß, daß es Milliarden von Universen gibt, die dem unseren gleichen, aber das bringt mich auch nicht weiter.

Nachdem ich die *Reise ans Ende der Nacht* gelesen hatte,

war ich ziemlich ratlos. Das war eine Welt, in der ich mich nicht wohl fühlte, sie stand mir zu nah und war gleichzeitig zu weit von mir entfernt und noch dazu erfüllt von einer Raserei, die ich mir, wie schon gesagt, nur schwer vorstellen konnte. Aber seine Art zu schreiben hatte mich neugierig gemacht. Sie hatte auf mich die gleiche Wirkung wie ein starkes alkoholisches Getränk, das sich schon im Gehirn ausbreitet, noch ehe man weiß, ob einem das Brennen gefällt oder nicht. Ich vertiefte mich also in die Lektüre von *Tod auf Kredit*.

Ich wußte noch immer nicht, wer Céline war. Aber als ich das Buch zuklappte, war das Unglück geschehen. Ich war überzeugt, den größten französischen Schriftsteller entdeckt zu haben, und es gab für mich kein Zurück mehr.

Ich weiß nicht, ob es viele Menschen gibt, die Céline gelesen haben, ohne etwas über ihn zu wissen. Ich befand mich in dieser Lage. *Tod auf Kredit* und die *Reise ans Ende der Nacht* hatten bei mir nicht den Eindruck hervorgerufen, als habe ich ein Ungeheuer vor mir. Ich begegnete auf der Straße Überlebenden aus dem Ersten Weltkrieg, die mir noch zänkischer und schlechter gelaunt vorkamen als er. Ich stellte mir Céline als Menschenfeind, vielleicht sogar als einen Humanisten vor, den die nicht auszurottende Grausamkeit seiner Mitmenschen verbittert hat. Ich erinnere mich nicht mehr, ob diese beiden Bücher bereits antisemitische Äußerungen enthalten oder nicht. Wenn es zutreffen sollte, ist es mir nicht aufgefallen. Ich habe darin eher eine Anklage gegen die Ausbeutung der Armen durch die Reichen und der Schwachen durch die Starken gesehen, eine Anklage gegen die Macht des Geldes, die Quelle allen Übels.

Man weiß, was für eine ungeheuer beschwörende Kraft in Célines Worten liegt. Seine Stimme fegt alles hinweg und ist von allen Abscheulichkeiten und allen Wunderdingen der Welt erfüllt. Angesichts dieses Wirbelwinds war ich wie versteinert. Aber seine Schmähungen bezogen sich auf Dinge, die mir fremd waren. Ich lebte nicht in der Welt, die er verabscheute. Und daher nahm ich ihn nicht wörtlich. Ich liebte seine Wut und seine Raserei, so wie man von einem geschützten Ort den Anblick eines Sturms lieben kann. Von den Köpfen, die er in den Sand rollen ließ, und von dem Spießrutenlauf, den er veranstaltete, ist mir nur die phantastische Lektion im Schreiben in Erinnerung geblieben.

Im Unterschied zu Salinger und den anderen, die später kamen, hat mir Céline menschlich nichts gegeben. Bis auf den Stil habe ich keinerlei Lehre aus seinen Büchern gezogen, nichts, was mir geholfen hätte, meinen Platz unter den anderen zu finden. Und selbst wenn er von der ersten Stunde an der Résistance angehört hätte und der engste Freund der Juden gewesen wäre, hätte das für mich nichts geändert. Der Ferdinand aus *Tod auf Kredit* übte, wie man sich leicht vorstellen kann, auf mich nicht die gleiche Anziehungskraft aus wie Holden Caulfield. Seine Gedanken waren mir fremd, ich redete nicht wie er und handelte nicht wie er. Ich habe Céline nie wie einen Freund betrachtet, nicht einmal wie jemanden, der einem nahesteht, und er ist der einzige von all den Schriftstellern, die mich geprägt haben, für den ich kein starkes Gefühl der Verbundenheit empfinde.

Céline ist kein Schriftsteller, der uns die Hand reicht. Er drückt einem eher den Kopf unter Wasser, anstatt uns herauszufischen. Er ist der Würgeengel. Der mächtigste von allen. Man darf vermuten, daß seine Schlechtigkeit seinem Schmerz entspricht. Wenn ich nichts zu tun hatte, ging ich an seinem Haus in Meudon vorbei und spürte, wie ich instinktiv den Kopf einzog. Ich hatte den Eindruck, als handele es sich um ein Haus, in dem es spukte und von dem eine extrem negative Ausstrahlung ausging. Als ich später, nach seinem Tod, das Haus betrat, überkam mich eine starke Beklemmung. Céline ist für mich immer ein schreckeneinflößender Meister gewesen. Meine Leidenschaft für ihn hat auch eine morbide Seite.

Als ich *Bagatellen für ein Massaker* las, sagte ich mir, daß ich es mit einem Verrückten zu tun habe. Aber es gab ja genug Dokumente aus jener Zeit, die den damals herrschenden Wahnsinn und die allgemeine Verdummung bezeugten. Der Haß war ein Gefühl, das von vielen Menschen auf die eine oder andere Weise geteilt wurde. Céline, dieses jähzornige Monster und Sprachgenie, wie es kein zweites gab, hatte das Talent, alles, was ihm in die Finger kam, in Brand zu setzen. Bei Gegenschlägen und sogar bei Angriffen kannte er keine Abstufung. Und das zu einer Zeit, da der Kampf um einen Hügel Millionen Tote forderte. Und vielleicht gingen einem manche Juden tatsächlich auf die Nerven, so wie einem heute manche Katholiken auf die Nerven gehen können, und eines Tages holen uns das Leid und das Elend der Menschen schließlich ein und verwandeln unsere Nachbarn in tollwütige Hunde, die zu den abscheulichsten Taten fähig sind. Und kaum haben wir ihnen auf den Fuß getreten, schneiden sie uns schon die Kehle durch. Köpfe werden auf Spießen umhergetragen. Vertrauen Sie nur der Dummheit und der Grausamkeit der Menschen, dann werden Sie nicht enttäuscht.

Céline war kein überlegener Geist, ganz im Gegenteil, und das hat er in seinen Pamphleten zur Genüge bewiesen. Jeder weiß, daß in Céline zwei Seelen wohnten: der eine Céline, der bei einer faschistischen Versammlung ganz hinten im Saal saß und brüllte: »Weißt du überhaupt, was das ist, dieser arische Mist?!!...«, und der andere, aus dem die ganze Eifersucht, der ganze Haß, die ganze Dummheit und die ganze Willensschwäche der Mehrheit herausbrachen. Man kann sich vorstellen, daß die Beziehung zwischen den beiden nicht einfach war.

Céline hat etwas von einem Zauberlehrling. Man ist sich nie sicher, ob man gewisse Mächte unter Kontrolle halten kann. Seine Verleumder haben anscheinend nie die Stärke der Kräfte ermessen, mit denen dieser Mann konfrontiert war. Dabei stellt die Arbeit, die er geleistet hat, weiß Gott ein geradezu übermenschliches Unternehmen dar und vermittelt daher eine Vorstellung von dem an Besessenheit grenzenden Zustand, in dem er sich befunden haben muß. Ich glaube, daß Céline unfähig war, die glühende Lava unter Kontrolle zu halten, die aus ihm herausfloß, und ich glaube, daß dieser Strom alles andere verdorren ließ und sich seiner bediente, um Jahrhunderte von Literatur zu überfluten.

Céline hat das Schreiben mit Dynamit in die Luft gesprengt. Leider findet man eine solche Menge von Sprengstoff nicht in den feineren Vierteln und nicht einmal auf den Fluren der Verlagshäuser. Soviel Energie kann nur aus dem Volk kommen (die Arbeit, die Joyce geleistet hat, ist anderer Natur), und Céline war ein Mann aus dem Volk. Und eine der Eigenschaften des Volkes war zu jener Zeit der Antisemitismus. Jahre später hätte Céline mit der gleichen Verblendung gegen die Araber oder die Schwarzen gehetzt. Zu Beginn des Jahrhunderts ein Antisemit zu sein dürfte nicht viel anders gewesen sein, als sich heute für Fußball zu begeistern, das heißt, sich dem größten gemeinsamen Nenner anzuschließen. Céline hat sich darin gesuhlt. Aber jedes Land hat eben die Autoren, die es verdient, und das damalige Frankreich verdiente nichts Besseres. Céline hat seine Substanz daraus bezogen und ist zum Schriftsteller des Bösen geworden. Und ich würde fast sagen, nur widerwillig. Bernard Frank hat ihn vor kurzem mit einem Taxifahrer verglichen: ein Typ, der ständig meckert und von dem man nur den Rücken sieht, denn Céline blickt uns nie ins Gesicht. Bernard Frank hat eben manchmal regelrechte Eingebungen.

Ich muß jedoch etwas gestehen, um meine übermäßige Sympathie für diese Zeit ins rechte Licht zu setzen und der Minderheit gerecht zu werden, die die Ehre dieses Landes gerettet hat und nicht ihren Dämonen verfallen ist: Mein Großvater mütterlicherseits lebte bei uns im Haus. Und er war so typisch für diese Welt von Degenerierten, daß ich nicht mehr mit ihm sprach.

Ich sehe nicht recht, aufgrund welcher Geistesverwirrung man Célines außerordentliches Talent unter dem Vorwand in Frage stellen könnte, daß er abstruse Dinge von sich gegeben hat (unter ähnlichen Vorwänden kann man sich natürlich zu der Behauptung versteigen, an Ezra Pounds

Cantos sei nichts dran). Warum eigentlich? Heißt das etwa, daß man, um Céline schätzen zu können, seine absurden Ideen teilen muß? Wird man vielleicht dadurch fragwürdig, daß man Céline liebt und nicht Roger Vailland?

Daß die Literatur Angst einflößen und uns manchmal in die Finsternis reißen kann, damit muß man sich abfinden. Und daß des Menschen Herz auch ein Schlupfwinkel für einen Haufen Dreck sein kann, ist auch nicht überraschend. Aber geht es überhaupt darum, eine Entschuldigung für Céline zu finden?

Außer wenn man Hakenkreuze sammelt und eine Vorliebe für alte Lumpen hat, die in morschen Truhen verschimmeln, setzt die Lektüre von Céline voraus, daß man seinen Ekel herunterschluckt, und im allgemeinen übersteht kein Schriftsteller ein solches Handikap. Es mag wie ein schlechter Scherz klingen, und in gewisser Weise ist es auch einer, aber letztlich doch wieder nicht: Ein Mensch, der seine Sprache so liebt wie er, kann nicht völlig verdorben sein. Bei Céline stößt man auf eine gewisse Form von Provokation, auf etwas, das ich so empfinde, als würde er mit verzogener Miene »Wagen Sie es, mir zu folgen?« sagen, um uns aufzufordern, ihm auf schlammigen Wegen Gesellschaft zu leisten. Als wollte er unseren Widerstand und unsere Fähigkeit testen, einen Preis zu zahlen, den er selbst hundertfach gezahlt hat. Als wäre das wirklich Ungeheuerliche, das er uns offenbaren will, die Ungeheuerlichkeit seiner Arbeit und als wollte er mit seiner Selbstzerfleischung *uns* zerfleischen, *uns seine Scheiße zu fressen geben*, um sich dafür zu rächen, daß er unter so vielen anderen dazu auserwählt worden war, ein Werk zu vollbringen, dessen Maßlosigkeit ihn zugrunde richtete (Sade sollte ein paar Jahre später den gleichen seltsamen Eindruck auf mich machen).

Céline aus der Welt schaffen zu wollen ist vermessen: Er hat uns tausend Gründe gegeben, ihn ein für allemal zu begraben, aber er ist noch immer da, und das grenzt an ein Wunder. Er ist da, ob wir es wollen oder nicht, und nichts kann ihn heute mehr niederwerfen. Die verfaulten Zweige sind verfault, aber nichts deutet darauf hin, daß der Stamm brandig geworden ist.

Man kann sich das Problem auch nicht vom Hals schaffen, indem man Céline auf seinen Stil reduziert. Daran habe ich mich früher geklammert, wenn der Ton einer Unterhaltung zunehmend gereizter wurde und man mir das Gespenst des Antisemitismus an den Kopf warf. Ich wagte kaum zu erklären, daß Céline mich dazu bringen konnte, Tränen zu lachen, und daß mir zwar die Simplifizierung *Juden = alles Elend der Welt* grotesk vorkam, mich die Ausbeutung des Menschen durch den Menschen dagegen nicht gleichgültig ließ. Céline war zu düster und zu brutal für einen Jungen meines Alters, aber seine Niedertracht faszinierte mich. Ich vertiefte mich in seine Bücher und krümmte dabei den Rücken. Ich fand, daß sie von schmerzhafter Schönheit, von tragischem Glanz waren. Manchmal fühlte ich mich federleicht, und dann wieder lag ich wie betäubt auf dem eiskalten Boden.

»Am Anfang war nicht das Wort. Am Anfang war die Emotion.« Céline verschlug mir auch mit solcher Art von Erklärungen den Atem. Dabei hatte ich zu diesem Zeitpunkt noch nicht die Absicht zu schreiben, aber als ich mich gut fünfzehn Jahre später dazu entschloß, kam mir alles, was Céline über den Stil gesagt hatte, mit erstaunlicher Präzision wieder in den Sinn. Er war ein ausgezeichneter Lehrer. Er versprach einem die schlimmsten Schmerzen, die Qualen der hartnäckigen Arbeit, zu der er sich selbst zwang, ein Sklavenleben und so manchen Rückschlag, aber er tauchte den Weg in gleißende Helle und zeichnete unser Unbewußtes mit dem Brandeisen. Er begnügte sich nicht mit einer theoretischen Unterweisung, sondern hielt einem das Ergebnis vor Augen.

Die *Reise ans Ende der Nacht* hat mich nicht so verblüfft wie *Tod auf Kredit*. Dem dumpfen Grollen des ersten Romans, was den Stil betrifft, folgte die unvermeidliche ohrenbetäubende Explosion des zweiten. Es war, als schwebte ein Hohngelächter über dem Buch, wie ein schräges Liebeslied, wie eine siegreiche Welle: Céline hatte unsere ehrwürdige Sprache an der Kehle gepackt und sie verklärt. Eine Art Liebeserklärung in Form eines Schlags in die Fresse.

Ich muß immer an den Film *Goldhelm* denken, wenn über Céline gesprochen wird. Es ist kein Film mit James Dean oder Marlon Brando. Reggiani trägt keine Jeans und kein T-Shirt, und er tanzt zu einer seltsamen Musik. Er verwendet einen Jargon, den ich im Gegensatz zu den Worten von Salinger nicht immer verstanden habe. Er trug sogar eine *Schlägermütze*.

Célines Rhythmus war nicht meiner. Aufgrund des Tempos, der Atempausen, der Farbgebung und des pulsierenden Redeflusses, die bewirken, daß sich ein Schriftsteller unseres ganzen Wesens bemächtigt, eine Saite in unserem Herzen anschlägt und dadurch für uns viel bedeutsamer wird als ein Schutzengel, konnte ich ihm zwar grenzenlose

Bewunderung zollen, mehr aber auch nicht. Céline machte eine Gratwanderung zwischen zwei Welten. Ähnlich wie die Kubisten beeindruckte, ja faszinierte er mich, aber er drang nicht bis zu den letzten Fasern meiner Empfindsamkeit vor. Sein Rhythmus harmonisierte nicht mit meinem. Ich fühlte mich Matisse näher als den Kubisten.

Oder um es anders zu sagen, ich fühlte mich den Rolling Stones näher.

Célines phänomenale Kraft konnte ganze Felsblöcke hochstemmen, und sein mächtiger Atem ließ die Wälder, die ihn umgaben, umknicken. Ich lebte zu jener Zeit mit einer Frau zusammen, die doppelt so alt war wie ich und die mir viele Dinge beibrachte. Und eines Tages versuchte sie mir zu erklären, daß ich sie zwar liebe, aber nicht in sie verliebt sei. Ich begriff nicht sogleich, was sie mir damit sagen wollte.

Dann begegnete ich einer zwanzigjährigen Italienerin, die mich mit einem Blick zu Boden streckte. Ich konnte stundenlang dasitzen und sie nur ansehen. Sie brauchte sich nicht mit mir zu unterhalten. Und es kam mir ganz normal vor, daß sie barfuß durch die Stadt ging. Ich war schon seit jeher darauf vorbereitet.

Céline besaß das Talent, aus sich einen Märtyrer zu machen. Vermutlich hatte er sich das schon von Anfang an gewünscht. In nicht ganz so ausgeprägter Weise haben viele Schriftsteller die masochistische Tendenz, die Neigung dazu, verkannt und abgelehnt zu werden, auch wenn ein Funken von Einsicht sie im allgemeinen dazu bringt, diese radikale Haltung ein wenig zu entschärfen. Das künstlerische Schaffen ist eine einsame Arbeit, die im Idealfall zumeist unter dem Banner »Einer gegen alle« ausgeführt wird, was die Sache nicht gerade erleichtert.

Als Nabokov gefragt wurde, was er von Tolstois Erklärung halte, daß das Leben ein mit Scheiße bestrichenes Brot sei, das man gezwungen ist, langsam zu essen, antwortete er darauf, für ihn sei das Leben frisches Brot mit Landbutter und Alpenhonig.

Das hört sich an wie ein Werbespruch für ein Wochenende in einer Wellnessoase mit einer Gratisstunde im Bräunungsstudio. Bei Céline ist das Bild weniger idyllisch. Und ich war in einem Alter, in dem man noch nach Helden sucht, nach Vorbildern, die man sich an die Wände heften kann (das Foto eines Mannes in Shorts aus Tergal, der vor einer grünen Weide ein glückliches Lächeln aufsetzt, ließ einen eher ratlos). Der Entschluß, ein Foto von Céline in meinem Schlafzimmer an die Wand zu heften, bedeutete, daß ein echter Schriftsteller für mich ein Gesetzloser war, ein düsterer, aufgrund der Gegebenheiten asozialer Mensch, der nur sich selbst Rechenschaft abzulegen brauchte und ein Einzelkämpferdasein führte. Man kennt den Einfluß solcher Bilder, die die Jugendlichen glühend verehren, und weiß, wie schwer es ist, sie loszuwerden (falls das überhaupt nötig ist). Noch heute überkommt mich ein leichter Schauer, wenn ich an diese romantische Vorstellung zurückdenke, die ich vom Schriftsteller hatte. Salinger, der der Welt den Rücken kehrte, hatte mir den ersten Schlag in die Magengrube versetzt. Céline haute mich dann vollends um. Mit anderen Worten, ich begann mich ernsthaft für Literatur zu begeistern.

Blaise Cendrars
Du monde entier – Gedichte

Ich entdeckte eines Tages, daß 1961 ein sehr schlechtes Jahr für mich gewesen war. 1961 starben Céline, Hemingway und Cendrars.

Da ich damals noch keine zwölf war, hatte ich nichts davon mitbekommen.

Sieben Jahre später entdeckte ich in einem YMCA in New York unter meinem Bett eines der kleinen Bücher aus der Reihe »Poésie« bei Gallimard, die auf dem Einband das Foto des Autors auf einem Streifen in Paßfotoformat in unterschiedlichen Farbtönen wiedergeben. Der Besitzer hatte seinen Namen und seine Adresse in das Buch geschrieben, aber ich habe es ihm nie zurückgeschickt. Ich habe den Eindruck, daß kein Buch aus meiner Bibliothek mir so sehr gehört wie dieses.

Ich las es zweimal in jener Nacht.

Ich las damals viele Gedichtbände, weil ich gemerkt hatte, daß ein junger Mann, der auf der Terrasse eines Cafés saß und in diese Art von Lektüre vertieft war, einen gewissen Erfolg bei den Frauen hatte. Wenn man zum Beispiel Walt Whitman auf englisch las, wurde die Sache fast zu einfach. Und Shakespeares *Sonette* erst, wenn ich noch daran denke! ... Aber die Frauen waren nicht der einzige Anlaß. Es gab auch einen praktischen Grund. Das Lesen von Gedichten ließ sich gut mit dem Leben in der Stadt verbinden, eignete sich für die kurzen Zeiträume, in denen man nichts Besonderes zu tun hat, für eine kurze Fahrt in der Metro, für die Warteschlange vor einem Kino oder bei Regenschauern. Also für all das, was ein Roman nicht duldet.

Schon bevor ich Cendrars las, war ich der Meinung, daß Poesie gesunde Kost sei. Ein Gedicht, das ich morgens las, konnte mich für den Rest des Tages begleiten und meine Laune bestimmen. Wenn es nicht zu lang war, lernte ich es manchmal auswendig. Ich hatte ein gutes Gedächtnis für Poesie. Die Worte eines Gedichts hatten eine besondere Konsistenz und waren angenehm auszusprechen. Die Sätze hatten einen Rhythmus. Sie besaßen eine ungewöhnliche Energie. Sie waren nicht einfach kilometerlang aneinandergereiht und von blutloser Blässe, sondern lebendig und schillernd wie Schlangen.

Dichtung ist die beste Schule. Wenn man wissen will, was gespielt wird, gibt es keine bessere. Wenn man etwas vom Zauber der Worte verstehen will, wenn man Achtung vor dem Schreiben und Liebe zu diesem Handwerk erlernen will, ist Dichtung eine unerläßliche Hilfe. Und wenn man sie schon nicht selbst schreibt, sollte man wenigstens soviel wie möglich davon konsumieren. Nur durch das Lesen von Gedichten kann man lernen, die unterschiedlichen Qualitäten eines Wortes zu schätzen, seine unterschiedlichen Eigenschaften und seine Beziehungen zu den anderen. Ebenso wie die Lebendigkeit eines Satzes, die Elemente seines inneren Kreislaufs, seine Verknüpfungsmöglichkeiten und die Natur seines Rhythmus.

Man braucht nur ein paar Zeilen zu lesen, um zu wissen,

ob man einen guten Schriftsteller vor sich hat. Von einem Satz zum anderen muß der Funke überspringen, und der Atemfluß darf nicht unterbrochen werden. Man muß die *innere Verbundenheit* der Materie spüren. Ein Buch muß wie eine Armee im Vormarsch sein, sich in geschlossener Linie vorwärtsbewegen wie ein Mann. In den meisten Fällen spürt man einen Energieverlust, dabei müßte mehr Energie erzeugt werden. Von der Quelle zur Mündung.

Selbst schlechte Dichter sind sich dessen bewußt. Sie wissen, daß sie die richtige Formel finden müssen, den richtigen *drive* und genügend Kraftreserven brauchen, um beschleunigen zu können und eine Leistungssteigerung vorzubereiten. Der Beginn einer neuen Zeile ist geradezu ein Glaubensbekenntnis.

Jeder normale Mensch sollte einen guten Koffer besitzen.

Und Cendrars lesen.

Es ist schwer zu sagen, welchen Teil der Welt er nicht erforscht, welchen Beruf er nicht ausgeübt und welche Abenteuer er nicht erlebt hat. Es ist schwer zu sagen, wann er die Zeit zum Schreiben fand. Und wie er es fertigbrachte, sich mit einer Hand seine Zigaretten zu drehen.

Henry Miller hat erklärt: »Bisweilen legte ich bei der Lektüre Cendrars' – und das ist etwas, was mir selten geschieht – das Buch hin, um vor Freude oder Hoffnungslosigkeit, in Qual oder Verzweiflung die Hände zu ringen.« Als ich das Buch gelesen hatte (ich arbeitete damals in einer Buchhandlung im Rockefeller Center und kam den ganzen Tag nicht an die frische Luft), setzte ich mich im Battery Park auf eine Bank und sah mir den Sonnenaufgang an.

Wenn man Cendrars liest, hat man das Bedürfnis, an die frische Luft zu gehen, draußen herumzulaufen und zu beobachten, was ringsumher geschieht. Wenn man Cendrars liest, hat man Angst, etwas zu verpassen. Man möchte sich am liebsten sofort in den nächsten Zug oder in das nächste Flugzeug setzen, denn es ist unerträglich, sich nicht von der Stelle zu rühren. Wenn man Cendrars liest, wird die Welt zu einem sprühenden Feuerwerk, zu einem brodelnden Kessel, zu fieberhaftem Trubel. Und das Leben kommt einem wunderbar vor, selbst wenn es grauenhaft ist.

Cendrars ist wie ein Virus. Eines Tages habe ich mich als Docker im Hafen von Le Havre anstellen lassen. Bei dieser Gelegenheit habe ich versucht, mit den Kapitänen der Frachtschiffe eine billige Überfahrt über den Atlantik für mich auszuhandeln. Das kam mir viel zünftiger vor, als mir einfach ein Flugticket zu kaufen (was ich dann einen Monat später tat, nachdem ich jeden Morgen um fünf aufgestanden war, um Frachtschiffe zu entladen, die ohne mich ausliefen). Kurz gesagt, glorreiche Ideen dieser Art verdanke ich Cendrars. Ich hatte vermutlich gehofft, daß man mir eine Koje neben dem Maschinenraum geben würde, daß mich das dumpfe Pochen des großen stählernen Herzens in den Schlaf wiegen würde, daß ich das rauhe Leben der Matrosen teilen und vielleicht sogar ein paar Stürme vor der Küste von Island erleben könnte und bei dieser Gelegenheit vielleicht meine Heuer bei irgendwelchen finsteren Pokerpartien verspielte... Cendrars zu lesen kann einen halb verrückt machen.

Aber von dieser Verrücktheit möchte ich um nichts auf der Welt genesen. Man erzählt sich von ihm, daß er, wenn er beim Verlassen seiner Wohnung zum Himmel aufblickte und ein Flugzeug sah, auf der Stelle kehrtmachte und sofort wieder ins Haus ging, um seinen Koffer zu packen. Das Fernweh vermutlich, die Sehnsucht nach fernen Ländern, nach Abenteuern und dem Unbekannten in jeder erdenklichen Form. Und dann waren da noch die Literatur, die Reiseberichte, um die Sache abzurunden. Alles, was er schrieb, roch nach Leder, nach Schweiß, nach Gewürzen, nach reifen Früchten und hallte vom Brummen der Motoren, die ihn von einem Kontinent zum anderen brachten, mit dem Schiff, mit dem Zug, mit dem Flugzeug, mit dem Auto, und ihn, wie er sagte, ins Zentrum der Welt brachten, dorthin wo das Leben wie ein gigantischer Geysir hervorsprudelte.

Ein freier Mensch par excellence, und zugleich ein weitblickender Mensch:

»Ich, der freieste Mensch der Welt, gebe zu, daß man immer durch irgend etwas gebunden ist, daß es keine Freiheit und keine Unabhängigkeit gibt, und ich verachte mich nach Kräften, während ich mich doch meiner Ohnmacht freue. (...) Diese heitere Überlegenheit kann nur von einem verzweifelten Gemüt erreicht werden, und um verzweifelt zu sein, muß man viel gelebt haben und dennoch die Welt lieben.«

William Saroyan, den ich damals ebenfalls las, hob den letzten Punkt hervor: Ein Schriftsteller muß in die Welt *verliebt* sein. Wie sollte man es nicht sein, wenn man Cendrars folgte? Wie sollte man es noch länger im eigenen Land aushalten?

Cendrars begnügte sich nicht damit, zu reisen und zu

schreiben, sondern er stand auch in Verbindung mit anderen Künstlern, mit Schriftstellern, Malern, Musikern, Filmregisseuren und was weiß ich. Er hielt nie inne. Und als er einmal ein kleines Hotelzimmer mit einem Unbekannten teilen mußte, an wen geriet er da? An Charlie Chaplin. Als er einen Film drehte, hieß der Regisseur Abel Gance. Als er auf den Gedanken kam, ein Ballett zu inszenieren, tat er es mit Darius Milhaud. Und als er nach einem Maler suchte, begann er die Zusammenarbeit mit Sonia Delaunay. Wenn das nicht deprimierend ist! Ich fragte mich schließlich, ob ich nicht zum falschen Zeitpunkt geboren war.

Ich habe nie davon geträumt, Schriftsteller zu werden. Dabei schrieb ich schon zu jener Zeit. Oder besser gesagt, ich kritzelte ganze Hefte voll, aber ich verband damit keine feste Absicht. Das war nur eine Pose, in der ich mir gefiel, nichts anderes. Schriftsteller zu sein bedeutete nichts für mich. Musiker, Schauspieler, Journalist... ja, warum nicht, aber Schriftsteller? ...Was war das eigentlich für ein Leben? Was sollte schon so aufregend daran sein, von morgens bis abends dieser einsamen Beschäftigung nachzugehen? Nun gut, ich schrieb zwar, aber ich interessierte mich vor allem für andere Dinge. Mir lag diese Arbeit nicht einmal wirklich am Herzen, wie es so manchem mit seinem Tagebuch geht, und daher verlor oder verlegte ich mehrere dieser Schreibhefte, ohne daß es mir auffiel (ich werde also nicht eines Tages meine Jugendschreibe aus der Versenkung hervorholen, so wie es alternde Autoren mit Vorliebe machen, wenn sie uns ihren faden Brei vorsetzen, weil sie sich so wahnsinnig ernst nehmen).

Wie dem auch sei, die Lektüre von Cendrars hat den Inhalt meiner Schreibhefte verändert: Ich begann plötzlich in freien Versen zu schreiben oder versuchte es zumindest. Und da ich keinerlei literarischen Ehrgeiz besaß, hatte ich vor nichts Angst und amüsierte mich köstlich. Das Schreiben wurde für mich zu einem Spiel.

Vorher hatte ich mir keine Gedanken darüber gemacht, wie ich eine Seite schrieb. Ich unterzog mich dieser Übung nur, um meinen Verstand in Form zu halten, denn schon damals erzählte man sich, daß jemand, der seine grauen Zellen nicht anstrengte, sie verkümmern ließ, und daher machte ich mir ein tägliches Training von einer halben Stunde zur Pflicht. Und das war gar nicht so unangenehm. Ich mußte mich zur Ruhe und zur Konzentration zwingen und mich unter Qualen bemühen, meine Gedanken zu formulieren. Eine halbe Stunde war dafür nicht zuviel. Ich rauchte zu jener Zeit gern Shit oder nahm LSD, und da ich irgendwelche bleibenden Nebeneffekte befürchtete, bemühte ich mich, mein Gehirn zu pflegen, indem ich ihm diese tägliche Arbeit auferlegte.

Denn es handelte sich um Arbeit. Eine Arbeit, die keinerlei Bezug zu meinen durch die Literatur hervorgerufenen Gefühlsreaktionen hatte. Ich sah nicht einmal einen Zusammenhang zwischen den beiden. Niemand bat mich zwar, einen Blick auf meine Texte werfen zu dürfen, aber ich wäre gern dazu bereit gewesen, sie zu zeigen, denn sie waren absolut nichtssagend. Es ließ sich weder ein Ton noch ein Stil darin ausmachen, so daß ich nicht einmal vor Scham zu erröten brauchte. Jeder konnte so etwas schreiben. Bis zu dem Tag, an dem ich begann, mich für Cendrars zu halten.

Von diesem Augenblick an stellte ich fest, daß es nicht einfach ist zu schreiben. Daß es nicht reicht, zu reisen und sich seine Zigarette mit einer Hand zu drehen, um *Ostern in New York* zu schreiben.

Ich glaube, man wird an dem Tag zum Schriftsteller, an dem es einem nicht mehr gelingt zu schreiben. An dem Tag, an dem das geringste Wort zu einem Problem wird.

Ich erinnere mich noch an das erste Mal: Ich habe einen ganzen Tag mit dem Füller in der Hand dagesessen und war unfähig, einen einfachen Satz aufs Papier zu bringen. Ich war wie gelähmt. Wie soll man den Funken zum Zünden bringen? Keines der Worte, die mir in den Sinn kamen, besaß einen besonderen Glanz. Je länger ich sie untersuchte, desto blasser wurden sie. All meine Begeisterung war verflogen.

Die Schreibe hat nichts für einen jungen Mann übrig, der lächelnd an ihre Tür klopft. Wenn er Glück hat, überhäuft sie ihn mit Schimpfworten. Wenn er Glück hat, hält sie ihm unsanft einen Spiegel vor, um ihm zu zeigen, daß er nichts taugt. Daß er nichts weiß. Und daß er in zehn Jahren ganz passabel sein kann, wenn er seine ganze Kraft darauf verwendet. Blaise Cendrars zu werden dagegen...

Zunächst ist es eine Frage der Selbstachtung. Man weiß nicht, wer gewinnen wird. Man weiß nicht, ob man Lust hat, sich so behandeln zu lassen und so weit unten anzufangen. Und als einziges Talent letztlich nur die Einsicht zu besitzen, daß man total unfähig ist (ich möchte vor allem hinzufügen, daß dieses Talent unerläßlich ist, wenn man nicht endlosen Hirngespinsten und Halluzinationen zum Opfer fallen will).

Anschließend kommt die Resignation. Die Gnade fällt nicht vom Himmel, oder zumindest nur in Ausnahmefällen. Durch hartnäckige Arbeit kann die Gangart schließlich an Geschmeidigkeit und Leichtheit gewinnen, aber man sollte sich nicht zu früh freuen. Seine eigene Stimme zu hören und die notwendigen Korrekturen vorzunehmen ist eine schwierige Übung, eine langwierige Feuerprobe. Ich war damals zweiundzwanzig. Ich hielt den Füller in der Hand, aber eine unsichtbare Kraft hinderte mich daran, die Sache in die Tat umzusetzen. Ich persönlich habe sieben Jahre dafür gebraucht. Ich glaube, daß ich das heute nicht mehr ertragen würde.

Ich weiß nicht, woher die Vorliebe für das Unerreichbare kommt, und auch nicht, wann man sie verliert. Wenn ich heute auf den Gedanken käme, mich mit Blaise Cendrars anzulegen, würde ich an meiner geistigen Gesundheit zweifeln. Aber damals war ich wie verrückt. Nichts schien mir außer Reichweite zu sein, kein Gipfel unbesteigbar. Vermutlich waren die Sterne am Himmel noch nicht in greifbarer Nähe, aber für wie lange? Früher oder später würde sich Blaise zu mir an den Tisch setzen.

Ich warte natürlich noch heute auf ihn. So wie ich auf Carver, Kerouac und einige andere warte, aber mit unendlicher Geduld und begrenzter Hoffnung. Denn es kommt ein Augenblick, von dem man nicht weiß, ob man sich zu ihm beglückwünschen oder von ihm das Schlimmste befürchten soll, es kommt ein Augenblick, an dem sich die Vorbilder entfernen und auflösen, ohne einen zwar ganz im Stich zu lassen, aber sie lassen einen allein, und dann ist man entweder zu einem Schriftsteller geworden, oder man steht mit leeren Händen da. Das weiß man nur selbst. Man wird nie zu einem Cendrars, zu einem Carver, zu einem Kerouac. Wer ist man also?

Der Werdegang eines Schriftstellers ist in vieler Hinsicht beschwerlich.

Schreiben ist nicht einfach. Schreiben ist manchmal eine abschreckende, manchmal eine unfruchtbare, betrübliche Beschäftigung, die bisweilen sogar unsere schwachen Kräfte übersteigen kann, aber sie ist die einzig annehmbare Arbeit. Das in etwa sagte Cendrars.

Ich schenkte ihm damals mit größter Aufmerksamkeit Gehör. Ich hatte mir eine Remington gekauft. Cendrars verdanke ich, daß ich zu begreifen begann, auf welche Weise man das Leben – »Es gibt die Luft es gibt den Wind / Die Berge das Wasser den Himmel die Erde / Die Kinder die Tiere / Das Gras und die Kohle unter der Erde / Lern wie man einkauft und kauft und verkauft / Gib nimm gib nimm / Wenn du liebst darfst du nicht vergessen / Zu singen zu laufen zu trinken zu essen / Zu pfeifen / Und lernen zu arbeiten« –, das Leben also und den Beruf des Schriftstellers miteinander in Einklang bringen kann. Es schien möglich zu sein. Er war der Beweis dafür. Wie oft hatte er ein Gedicht oder eine Seite im Stich gelassen, um einen Blick auf etwas anderes zu werfen? Es gibt zwei Arten von Schriftstellern: diejenigen, die alles der Literatur opfern, und die anderen.

Die Schriftsteller, die die Literatur an die erste Stelle setzen, haben wenigstens die Befriedigung, daß sie keine schmerzlichen Schuldgefühle oder gar Frustrationen auf allen Ebenen entwickeln. Die anderen, also diejenigen, die sich für das ständige Hin und Her entschieden und sich nichts geschworen haben, täten gut daran, nicht zu jammern. (»Was mich mit der Zeit am meisten anwiderte, war die Literatur mit ihren langweiligen Aufgaben und Geschäften und das gekünstelte und konformistische Leben, das die Schriftsteller führen. (...) Ich habe eine ganze Reihe von Büchern zu schreiben, jawohl, aber im Leben und mitten unter den anderen Menschen, in dem Leben, das man sich jeden Tag neu erfindet, unter den Menschen, an die man sich bindet, indem man sich löst, denn ich lache mich gern selber aus und mache oft, bloß um mich reinzulegen, genau das Gegenteil von dem, was ich beschlossen hatte. Ich liebe es, meine Zeit zu vertun. Das ist heutzutage die einzige Möglichkeit, frei zu sein.«) Sie täten gut daran, keinen Leidgesang anzustimmen.

Vermutlich wird keiner dieser Autoren die Vollkommenheit erreichen. Cendrars ist nicht Nabokov. Man braucht nur zu hören, wie er auf der Überfahrt von Dakar nach Rio wettert, weil er *Moravagine* zu Ende schreiben muß (»acht Tage... acht Nächte... soviel verlorene Zeit an der Schreibmaschine!...«). Aber hat die Vollkommenheit in der Literatur überhaupt einen Sinn? Na gut, mir liegt nichts an verletzenden Bemerkungen, und ich lege keinen Wert darauf, mir die Sympathie der Ästheten zu verscherzen. Ich möchte nur, daß mein Standpunkt deutlich genug wird. Und Nabokovs meisterhafte Leistung? Und seine Sprache, die so unglaublich schön ist, daß ich *Lolita* weglegen mußte, weil ich nichts mehr von der Geschichte mitbekam, mich in einem Paradies der Harmonie verlor und nur noch die

Schönheit der Worte erfassen konnte? Nabokovs Talent flößt mir grenzenlose Bewunderung ein. Mehr aber auch nicht. Ich wäre nur ungern sein Schüler gewesen.

Jack Kerouac
Unterwegs

Glauben Sie ja nicht, auf der einen Seite wäre mein Leben und auf der anderen das, was ich lese. Das wäre viel zu einfach und außerdem entmutigend. Vor allem, da es Bücher gibt, die man nie schließt und zu denen man immer wieder greift, um festen Boden unter den Füßen zu spüren.

All meine Gedanken, meine Lebensweise, mein Geschmack, meine Weltanschauung und ganz nebenbei die Wahl meines späteren Berufs sind selbstverständlich durch meine »Begegnungen« mit Salinger, Céline und Cendrars beeinflußt worden.

Ich habe den Eindruck, daß ich heute nicht mehr imstande wäre, das zu empfinden, was ich damals beim Kontakt mit einer Handvoll Autoren empfunden habe. Ich bin vermutlich zu alt dafür. Ich habe die Fähigkeit verloren, mich ohne Zurückhaltung, ohne Hintergedanken für etwas zu begeistern, mich ihm ganz hinzugeben und mich bis zur Neige von einem Buch zu nähren. Ich habe folglich auch das damit verbundene Glück verloren – ein Glück, das an Rausch grenzte.

Es kommt auch heute noch vor, daß ich Beifall klatsche, seltener, daß ich vom Hocker falle, aber der Vergleich hinkt. Euphorie ist etwas anderes als Rausch.

Unter Rausch verstehe ich viel mehr als nur eine angenehme Gemütsbewegung, mehr als ein Lächeln, das einem aufgrund eines Sonnenstrahls oder steigender Börsenkurse auf die Lippen kommt. Nein, ich spreche von dem Zustand fortgeschrittener Verwirrung, von strahlender Finsternis, von dem Gefühl der Beklemmung, des Erstickens und des Brennens, ich spreche von einem Fall in die Höhe, von dumpfer Benommenheit, von einer Reise ohne Rückkehr und von der Entdeckung neuer Wahrnehmungen.

Vermutlich kommt irgendwann im Laufe des Daseins der Tag, an dem man für solche Erfahrungen nicht mehr zu haben ist. Man hat nicht mehr die gleiche Anpassungsfähigkeit, die gleiche Unbekümmertheit wie früher, nicht mehr die nötige Unvoreingenommenheit und Verfügbarkeit, um große Umwälzungen aufzunehmen. Unsere Sensibilität, unsere Überzeugungen, unsere Vorlieben haben in stattlicher Tiefe Wurzeln gefaßt, und es ist so gut wie unmöglich, sie hinwegzufegen.

Greifen wir mal auf ein etwas abgenutztes Bild zurück: Ich bin vierundzwanzig, liege auf dem Bett und beginne *Unterwegs* zu lesen. Der erste Satz zieht mir einen Schnitt in die Brust. Wie eine Klinge, die mir das Fleisch aufreißt. Ich würde am liebsten sagen: »Nein, Jack, hör auf...«, aber ich sage nichts und lese weiter, während mein Blut auf die Laken fließt und mir schwindlig wird.

Als ich das Buch zu Ende gelesen hatte, war ich nicht mehr der gleiche. Salinger, Céline und Cendrars hatten mich stark geprägt, aber mit Kerouac war das anders. Er ließ mir nicht die geringste Chance. Das oben erwähnte Bild von dem Satz, der einem tief ins Fleisch schneidet, ist grotesk und zugleich unverzichtbar. Denn ich weiß nicht, wie ich dieses Gefühl von einem Text, der einen physisch prägt, erklären soll, einem Text, der unauslöschliche Spuren auf dem Körper hinterläßt, nicht nur im Gehirn, sondern auch an der Oberfläche. Einem Text, der den Leser zunächst fast zum Ersticken bringt und dann seine Klammer löst, um ihm seinen Rhythmus aufzudrücken. Einem Text, der sich buchstäblich in unsere Haut eingraviert.

Zum Glück ist der Stil eines Schriftstellers eng mit seiner Weltanschauung verbunden. Das eine funktioniert nicht ohne das andere. Daher kommt es nie vor, daß man von einer Stimme gerührt und von dem Sachverhalt, den sie darlegt, abgestoßen wird. Und je stärker man gerührt ist, um so unermeßlicher ist die Welt, die man hinter den einfachen Worten entdeckt. In diesem Sinn ist *Unterwegs* kein einfacher Roman, sondern ein Lehrbuch über die Lebenskunst. Über die Kunst zu leben.

Was hat Jack Kerouac mich nicht gelehrt? Mit dieser Frage könnte ich viel Zeit sparen. Und was ist bei mir davon hängengeblieben? Fast alles.

Was das im einzelnen zu bedeuten hat? Daß unsere Gedanken und unsere Handlungen aus der gleichen Quelle schöpfen. Und daß man, wenn man sie zurückverfolgt, zur Mitte zurückkehrt, zu ihrem Ursprung, auch wenn der Weg lang und gewunden ist. Es ist kein Zufall, daß man sich von manchen Formen, manchen Klängen, manchem Licht angezogen fühlt. Der Blick, die Haltung, die Überzeugungen, all das ist aus der gleichen Materie geformt worden, aus dem gleichen Ei hervorgekommen.

Über einen ziemlich langen Zeitraum ist diese Materie weich und labil. Sie ist im übrigen leichtfertig, unruhig, chaotisch, aufbrausend, beeinflußbar und begierig. Sie verschlingt alles, was in ihre Nähe kommt, speit es wieder aus, untersucht es und stabilisiert sich schließlich. Und der Kern, der innere Kern dieser Spule wird so hart, daß er sich durch nichts mehr verändern läßt. Er wird zum unwandelbaren Fundament der Persönlichkeit, zu der Achse, um die sich alle unsere Kräfte drehen. Und es gibt kein Zurück mehr – im übrigen hat man dazu auch gar keine Lust.

Der Schatten von Jack Kerouac schwebte in dem Augenblick über mir, als sich dieser Teil meines Ichs festigte. Ich bin nicht sein Erbe und auch nicht sein Tempelhüter. Ich bin viel weniger als das und zugleich mehr. Wie soll ich es sagen? Er ist das, was mich in meinen eigenen Augen akzeptabel macht.

Ich vermute, daß man hier und da etwas auflesen kann. Ein bißchen dies, ein bißchen das. Das habe ich auf die eine oder andere Weise sicher auch getan, aber ich habe das Gefühl, daß es sich dabei weniger um einen Cocktail als vielmehr um Elemente handelt, die ich um ein Zentrum angesiedelt habe, entlehnte Elemente, die im übrigen nur in dem Maße ihren Platz finden konnten, wie sie zusammenpaßten und nicht bewußt oder unbewußt von der Grundfigur »abgestoßen« wurden.

Im nachhinein sehe ich nicht, wie ich diesem Einfluß hätte entgehen können. Das kulturelle Klima zu Beginn der siebziger Jahre loderte auf wie ein riesiges Feuer. Wer nicht achtgab, verbrannte sich, tauchte ein in einen Lavastrom mit unbekanntem Ziel. Es gab also, wie man verstehen wird, keinen Grund zu zögern.

Kerouac, und das ist das Gute an ihm, begnügte sich nicht damit, ein großartiger Schriftsteller zu sein. Er hatte noch so manches andere anzubieten: Musik, Philosophie, Gedichte, Drogen, einen Lebensstil... die Auswahl war groß. Er warf, wie ich fand, einen gigantischen Schatten. Ich geriet wie vom Blitz getroffen in seinen Bann.

Gut dreißig Jahre später kann ich in Ruhe und mit objektivem Blick die »Spuren« betrachten, die er in meinem täglichen Dasein hinterlassen hat. Selbstverständlich sind sie von der Zeit verwischt und geglättet worden, aber ich erkenne sie ohne den geringsten Zweifel wieder. Eine Aufzählung dieser Spuren wäre ziemlich uninteressant, aber die Tatsache, daß es sie noch immer gibt, ist erstaunlich. Das erinnert an Bäume, die an einem stürmischen Ort wachsen: Sie sind nach einer Seite hin geneigt, ihre Äste weisen alle in die gleiche Richtung, und ihre Perspektive ist etwas merkwürdig. Sie werden nie die Senkrechte kennenlernen, die Dinge werden ihnen immer unter einem besonderen Blickwinkel erscheinen. Aber man braucht sie nicht zu beklagen: Sie haben sich mit ihrer eigentümlichen, endgültigen Neigung abgefunden.

Der Weg, der von Cendrars zu Kerouac führt, ist schnurgerade. Hinzu kommt noch die Musik.

Als ich ein junger Schriftsteller war, habe ich erklärt, mein Ehrgeiz bestehe darin, ein Buch zu schreiben, das einem Song von Lou Reed gleiche, was zur Folge hatte, daß ich sogleich bei einem Großteil der Kritiker in Ungnade fiel, ohne daß ich verstand, warum. Heute verstehe ich es, da ich inzwischen die Kluft ermessen habe, die uns voneinander trennt. Dabei hatte ich damals wirklich nicht die Absicht, frevelhafte Worte auszusprechen: Die Vorstellung von einem Roman mit einer makellosen Melodie, zeitgenössischer Sprache voller herber, schillernder Poesie und einer Stimme mit verführerischem Timbre schien mir kein Angriff auf die Literatur zu sein. Im Gegenteil. Ich hatte damit gerechnet, auf breite Zustimmung zu stoßen, erntete jedoch nur ein betretenes oder herablassendes Lächeln. Ich glaube, ich habe mich damals wohl nicht klar genug ausgedrückt. Wie soll ich das sonst verstehen?

Ändert der übermäßige Genuß von Musik den Bezug zum Text? Eines ist sicher: Ein bedeutender Teil der Kultur jener Zeit wurde durch Musiker und Sänger vermittelt. Sowohl Poesie wie politische Botschaften oder andere Erkennungszeichen. Dementsprechend hatte sich das Ohr daran gewöhnt, die frohe Botschaft in einer besonderen Form aufzunehmen, und zwar in rhythmischer Ausdrucksweise.

Die Schönheit eines Satzes hängt nicht von der Schönheit seiner Worte ab, sondern von der Harmonie, die sie miteinander verbindet. Und ohne Rhythmus, ohne Tempo gibt es keine Harmonie.

Viele Schriftsteller glauben, wenn sie geistreiche Bemerkungen von sich geben (und dazu zählen auch die Kolumnen für Zeitschriften mit hoher Auflage), dürften sie sich rühmen, schreiben zu können. Sie haben recht. Sie bringen damit ihr Publikum zum Lachen, aber auch nur für fünf Minuten und nur wenn es wohlgesinnt ist oder aus inkompetenten Arschkriechern besteht. Und nicht länger als für fünf Minuten.

Den Rhythmus und die Intonation eines Satzes zu finden ist eine andere Geschichte, ein viel komplizierteres Unternehmen. Geistreich zu sein genügt nicht und kann sogar ein unüberwindbares Hindernis darstellen, wenn jemand diese Fähigkeit von früh bis spät trainiert. Geistreich zu sein erlaubt einem, einen Ausweg aus so mancher schwierigen Situation zu finden, aber bestimmt nicht, zum Wesentlichen zu kommen. Geistreich zu sein erlaubt einem, dem Dringendsten abzuhelfen, in akuten Fällen die Leere zu überdecken (in dieser Hinsicht sind manche Talkshows geradezu ein Schulbeispiel) oder einen Mangel zu verschleiern. Wenn es darum geht, eine Melodie hervorzubringen und nicht nur das Arrangement zu bearbeiten, hilft es kaum, geistreich zu sein: Es ist, als wollte man einen silbernen Löffel benutzen, um nach Erdöl zu suchen.

Die Vorliebe für das Gespreizte, das Gekünstelte, den schönen Schein und der Hang, Fehler und Schattenseiten zu verdecken, lassen sich durchaus vertreten. Wenn man selbst keinerlei Talent für Virtuosität, Miniaturmalerei oder Arabesken besitzt, ist es leicht, sie zu kritisieren. Zugegeben. Aber welches Lager ist zahlenmäßig überlegen? Mit was für einer Art von Literatur werden wir überschwemmt?

Wie kommt es zum Beispiel, daß ein Schriftsteller wie Régis Jauffret, wenn wir uns mal nur auf den französischen Rahmen beschränken, heute nicht an erster Stelle steht? Muß man sich lange die Augen reiben, um einen Schriftsteller inmitten eines dichten Gestrüpps zu entdecken?

Es ist ziemlich dumm zu erklären, daß lobenswerte Gefühle nicht ausreichen, um lobenswerte Literatur hervorzubringen. Aber noch dümmer ist es zu glauben, daß Literatur mit Gefühlen hervorgebracht wird. Daß die Qualität eines Werks an seiner Komplexität, seiner Tiefsinnigkeit und seiner subtilen Schärfe gemessen wird (und man beglückwünscht nebenbei das chirurgische Talent desjenigen, dem es gelungen ist, sie freizulegen). Nein, die einzige unverzichtbare Zutat für die Literatur ist der Stil – der Atemfluß, der Rhythmus. Der Rhythmus, von dem Octavio Paz sagte, daß es sich dabei nicht um einen Takt, sondern um eine Weltanschauung handele. Der Stil, von dem Jacob Paludan erklärte, daß er nicht der Inhalt, sondern die Linse sei, die den Inhalt in einem Brennpunkt bündelt.

Jeder Satz aus *Unterwegs* könnte ganz offensichtlich in eine Partitur umgewandelt werden. Sie besitzen alle ihre eigene melodische Linie. Wenn man sie aneinanderreiht, erhält man einen Gesang, der den Leser zwingt, physisch am Lesen teilzunehmen. Er muß sich dem Rhythmus, dem Atemfluß anpassen. Das ist eine erstaunliche, wunderbare Erfahrung.

Der direkte Bezug von Kerouacs Text zur Musik und insbesondere zum Jazz (Instrumentalsolo, Improvisation, Abwandlung der Themen, Tempowechsel...) ist eine wahre Lust. Zu dem Zeitpunkt, als ich Kerouac für mich entdeckte, war die Musik etwas, worauf sich alles bezog. Überall forschte man nach ihr. Man suchte ihre Phrasierung, ihre Bewegung, ihren Atem. Die Gefühlsreaktionen wurden durch das Skandieren, die Intonation, den *drive* ausgelöst. Ich weiß nicht, ob man sich heute noch vorstellen kann, welche Wirkung es erzielte, wenn Ginsberg *Howl* oder Kerouac seine Gedichte zu einer Jazzimprovisation rezitierte. Ich habe sie erst mit zehnjähriger Verspätung entdeckt, aber das hat mich nicht weiter gestört: Ihre Energie war ungemindert. Jazz, Rock, ich hörte beides, wechselte von einem zum anderen, auch wenn ich heute in meiner etwas verschwommenen Erinnerung automatisch Mick Jaggers Stimme mit den Worten von *Unterwegs* verbinde – jener einzigen, hundert Fuß langen Papierrolle, in drei Wochen in einem Zug geschrieben –, ein Buch, das Kerouac mit lauter Stimme rezitierte, während er es schrieb.

Mein hartnäckiges Beharren, den Stil allem anderen überzuordnen, die Form im Vergleich zum Inhalt zu privilegieren, dem Klang eines Satzes größere Bedeutung beizumessen als seinem Sinn (manchmal hat das Lautbild tatsächlich eine höhere Bedeutung als der Begriff), kommt nur daher: Ich bin das Produkt einer Kultur, die durch das Hören geprägt ist. Aufgrund dieses Einflusses habe ich einen eher physischen als geistigen Zugang zum Text, ich nehme ihn vor allem als Musik wahr, und er berührt mich zunächst durch seine Resonanz auf meinem Trommelfell, durch sein Vibrieren im Inneren meiner Brust. Ist das die richtige Haltung? Ist das der beste Weg, die Qualität eines Romans zu beurteilen? Ganz ehrlich gesagt, reizt es mich, mit Ja darauf zu antworten.

Die Erklärung von Octavio Paz, daß der Rhythmus nicht der Takt, sondern eine Weltanschauung sei, bestätigt mich. Denn wenn man Kerouacs Arbeit auf die Metrik, auf das Tempo seines Textes reduzieren würde, selbst wenn diese noch so brillant sind, trifft man nicht den Kern der Sache. Der Rhythmus ist eine viel kompliziertere Angelegenheit. Er wird auch durch die Farben, die Atmosphäre, die Wahl der Bilder, den Blickwinkel und die Beobachtungsdauer hervorgebracht, da sich all diese Elemente gegenseitig beeinflussen und sie selbst dann zum Tragen kommen, wenn sie nicht direkt angesprochen sind. Um aus einer solchen Mischung ein homogenes Gebilde zu machen, braucht man einen guten Instinkt, viel Feingefühl und höchste Konzentration. Das nenne ich Stil. Schon darin allein kommt eine Weltanschauung zum Ausdruck. Das nenne ich, begnadet zu sein.

Ich bin eine ganze Weile in Kerouacs Nähe geblieben (mit ein paar Ausflügen zu Thoreau, Hawthorne oder zu Sherwood Anderson und zu den Texten der Black Panthers sowie denen von Alan Watts oder Huxley – er hetzte mich in alle Richtungen –, ich verschlang die Gedichte der Beatniks, Konfuzius, Lao-Tse, Musashi, Sun-Tsu…). Sobald ich etwas Geld hatte, folgte ich seiner Spur, von Lowell nach San Francisco (wo ich regelmäßig die Buchhandlung City Lights von Ferlinghetti besuchte). Ein paar Jahre später fand ich diese Leidenschaft ziemlich lächerlich, ein bißchen zu »groupiehaft« für meinen Geschmack. Heute kommt mir der junge Mann, der ich damals war, eher sympathisch vor: Ich schäme mich nicht für seine Begeisterung, im Gegenteil, ich würde gern das Glück haben, sie noch einmal zu empfinden. Ich würde viel dafür geben, wenn ich wieder meine Koffer packen und der Spur eines Schriftstellers folgen könnte, wie ich es damals getan habe. Im Grunde bin ich stolz darauf, daß ich so romantisch gewesen bin. Man wird furchtbar ernst, wenn man älter wird. Man begnügt sich damit, mit Richard Ford in einer Pariser Wohnung Tee zu trinken, gibt sich mit wenigem zufrieden.

Noch ein Wort zum Stil. Man glaubt, man könne alles

erklären, aber in Wirklichkeit kann man rein gar nichts erklären. Meine Bewunderung für Jack Kerouac, die bewirkte, daß ich das nächste Flugzeug nahm, um den Boden zu betreten, den er betreten hatte, die Landschaften zu bewundern, die er beschrieben, und die Städte, die er besucht hatte, ließ sich letztlich nur darauf zurückführen, wie er ein paar Worte in einem Satz anordnete. Und das soll jemand kapieren? Wäre es da nicht angebracht, von Magie zu sprechen?

Ich habe eigentlich nicht vorgehabt, über Magie zu sprechen. Damit ist es genauso wie mit den schwarzen Löchern: Man weiß, daß es sie gibt, aber man kann sie nicht berühren.

Und trotzdem. Trotzdem kann man etwas flüstern: Die Schönheit eines Stils, seine außergewöhnliche Kraft, seine Magie beruhen auf seiner Fähigkeit zu zähmen. Man weiß, welche Eigenschaften es erfordert, beim Menschen meine ich, um ein Unternehmen wie das Zähmen erfolgreich durchzuführen.

Und noch eins. In der Musik kommt der Stil, wie man sagt, durch die Verschmelzung dreier Elemente zustande: den Rhythmus, die Melodie und die Stimme. Mit ein wenig gutem Willen läßt sich das auf die Literatur übertragen. Gewiß, die Entsprechung der Stimme kann Schwierigkeiten bereiten. Besonders Haarspaltern und den Leuten, die nichts hören wollen.

.

Herman Melville
Moby-Dick

Man kann der Ansicht sein, daß die hundert Jahre, die *Moby-Dick* von *Unterwegs* trennen, keine allzu tiefe Kluft darstellen. Daß Kapitän Ahabs Suche auf den Weltmeeren nicht so weit entfernt ist von der, die Sal Paradise auf die Straßen des amerikanischen Kontinents treibt.

Ich wünschte mir eine Unterbrechung. Ich wollte nach diesem langen Aufenthalt in Jack Kerouacs Welt wieder Atem schöpfen. Und außerdem hatte ich Angst, ich könnte an die Grenzen dieser Welt stoßen.

Ich hatte Lust, mich in eine Zeit zu begeben, in der die Reisen mehrere Monate dauerten, die Schiffe noch Segel besaßen und die Art zu schreiben noch klassischer war, mit lackiertem Holz und Kupfer. Ich spürte, daß ich Abstand gewinnen und mich aus dem allgemeinen Trubel zurückziehen mußte, und sei es nur, um ihn von einer ruhigeren Stelle aus zu bewundern (nur Verrückte wie Dean Moriarty legten nie eine Pause ein).

Zwei Inseln vor Cape Cod sind eng mit der Geschichte des Walfangs verbunden: Martha's Vineyard und Nantucket. Bei meinen Reisen durch Massachusetts (wegen Kerouac, aber auch wegen Thoreau, Emerson, Whitman und Salinger) war ich schon mehrmals dort gewesen, es waren Aufenthalte, bei denen man plötzlich in eine andere Welt versetzt wurde, verfolgt von Seeungeheuern und Berichten von Abenteuern auf allen Weltmeeren. In Nantucket befindet sich ein Walmuseum, und ein Teil der Insel Martha's Vineyard gehört noch den Wampanoag-Indianern (ohne einen Wampanoag an Bord in See zu stechen brachte Unglück), für den Fall, daß Ihr Gedächtnis versagen sollte. Für den Fall, daß Sie vergessen haben sollten, daß die *Essex* am 18. August 1819 in Nantucket auslief. Am 20. November 1820 wurde sie südlich des Äquators, 2795 Seemeilen westlich der Galapagosinseln, von einem Pottwal gerammt. Die *Essex* sollte anschließend zur *Pequod* werden und der Pottwal zu Moby-Dick.

Ein paar Tage in Nantucket zu verbringen, ehe man sich in *Moby-Dick* vertieft, ist einer der besten Ratschläge, den ich Ihnen geben kann (das ist nicht teurer als ein paar Tage im Club Méditerranée – aber Ihr Leben wird dadurch in einen ganz neuen Glanz getaucht).

Jeder kennt die Geschichte von *Moby-Dick*. Als Kind haben wir alle eine Nachdichtung des Buches in den Händen gehabt, mit Illustrationen, die zeigten, wie der berühmte weiße Wal die *Pequod* auf seinen Rücken hob, ehe er sie wie eine einfache Streichholzschachtel zerschmetterte. Später, auf der Schulbank, hat man uns gesagt, es handele sich um eines der Meisterwerke der Weltliteratur, und bedeutende Professoren haben uns geduldig alle Symbole, alle Dimensionen, alle Quellen bis ins einzelne erklärt, so daß man sich fragen konnte, ob es beim Lesen noch irgend etwas zu entdecken gab.

Meine erste Überraschung bestand darin, ein heiles Buch

vorzufinden. Ein Buch, das unter keiner Autopsie gelitten hatte (ich wiederholte diese Erfahrung mit Stevenson, Kipling oder *Lord Jim* von Joseph Conrad, was eher erfreulich war). Ahab tauchte aus den eisigen Tiefen auf, in die ihn meine Unwissenheit verbannt hatte, und richtete sich noch düsterer, noch lebendiger und noch verrückter vor mir auf, als ich ihn mir je vorgestellt hatte. Die Segel der *Pequod* blähten sich in der frischen, reinen, ziemlich schneidenden Brise. Die Schatten der Vergangenheit verschwanden in gleißendem Licht.

Die zweite Überraschung war das ungeheure Vergnügen, das ich beim Lesen dieses Buches empfand. Gibt es noch irgend etwas, das nicht schon über *Moby-Dick* gesagt worden ist? Wie auch immer, ich weiß nicht, ob man schon die Reinheit des Vergnügens hervorgehoben hat, die ich gerade erwähnt habe: ein Glücksgefühl, das direkt mit der Kindheit verbunden ist, mit unserer Fähigkeit, auszureißen und in Entzücken zu geraten, mit unseren Freuden und Ängsten als kindliche Leser. Und in dieser Hinsicht ist *Moby-Dick* der Bericht einer erstaunlichen Reise, die man selbst als Schiffsjunge mit aufgerissenen Augen und klopfendem Herzen mitmacht, als armer kleiner Junge, der den Atem anhält.

Gelobt sei der Autor, der die Macht besitzt, unseren emotionalen Reaktionen die Reinheit wiederzugeben, die sie besessen haben, als wir, verloren in der unendlich weiten Welt, im Schein einer Taschenlampe unter der Bettdecke gelesen haben.

Es gibt noch einen anderen Aspekt in *Moby-Dick*, den die Vielseitigkeit des Werks verdeckt zu haben scheint: seine Materialität. Jedes einzelne Element der Umgebung läßt sich buchstäblich mit Händen greifen, genauso wie man hören, sehen, fühlen, sich über die Reling lehnen und sich die Gischt ins Gesicht wehen lassen kann oder sich einen Augenblick mit einem vom Salz steif gewordenen Tauende beschäftigen kann, in der Hoffnung, einen Bootsmannmaatenknoten hinzukriegen. Dieser seltsame Zauber kommt durch den direkten Bezug der Erzählung zu den Naturelementen und die Exkurse in die Welt der Seeleute zustande. Der fiktive Teil des Romans stützt sich auf dokumentarisch belegte Einzelheiten. Die Fiktion ist der Kraft des Sturms unterworfen, dem Wohlwollen der Winde, der Dichte des Nebels, der Geschwindigkeit der *Pequod* und den Routen, denen die Wale folgen. Das Leben an Bord unterliegt nur einer einzigen Autorität: den Elementen. Jede einzelne Figur, jeder einzelne Gegenstand auf der *Pequod* steht in direktem Bezug zu ihnen, nichts ist unabhängig von ihnen.

Ich glaube, ich verdanke Melville das Gefühl, daß eine Romanfigur nicht existiert, solange ihr nicht der Wind durchs Haar geweht hat. Solange sie nicht physisch die Präsenz der sie umgebenden Welt gespürt hat – Wind, Regen, Sonne, Flüsse oder Berge sind mir immer äußerst glaubwürdig vorgekommen. Ich weiß nicht, ob diese Überlegung wirklich interessant ist, aber ich habe mich nie davon lösen können. Daß eine Romanfigur zu einem Baumwipfel aufblickt, ist mir immer als ein Akt von höchster Bedeutung vorgekommen. Und wenn ihr zufällig der Baum auf den Kopf fällt, kann ich darüber nur Zufriedenheit äußern.

Dennoch bin ich kein Schriftsteller geworden, der die Schönheit der Natur und die Freuden der Gartenarbeit preist. Der Geruch eines verfaulenden Apfels im Halbdunkel des Kellers versetzt mich nicht in Ekstase.

Und zwar deshalb, weil mir die Natur Angst einflößt, mir den Atem nimmt und mich erdrückt. Jedesmal wenn ich an Bord eines Schiffs gegangen bin, eine Bergwanderung gemacht oder unter freiem Himmel geschlafen habe, habe ich gespürt, daß der Tod ganz in der Nähe lauert und das Leben nur an einem erschreckend dünnen Faden hängt. Aber wenn man das nicht spürt, nicht merkt, daß das Leben ein Geschenk ist, wenn man keinen Sinn für Relativität besitzt und nur über einen faulen Apfel oder Marmeladengerüche verfügt, um die Mächte zu benennen, die uns umgeben, ist die Sache noch schlimmer. »Aber nicht anders freue auch ich mich, mitten im sturmumtosten Atlantik meines Daseins, auf ewig meiner stillen, inneren Ruhe, und während mich gewaltige Gestirne unverwandten Leids umkreisen, bade ich tief unten, tief in mir, in ewig linder Wonne.«

Ich lese vor allem zeitgenössische Literatur. Ich lese keine Science-fiction-Romane (außer Philip K. Dick) und keine Kriminalromane (außer James Ellroy), aber auch das erleichtert mir nicht die Arbeit. Dennoch war die Lektüre von *Moby-Dick* für mich von entscheidender Bedeutung: Ich wende mich seither der älteren Literatur mit einer Regelmäßigkeit zu, über die ich mich selbst wundere, und stelle fest, daß ich eine Vorliebe für epische Erzählungen habe.

Ich wende mich der älteren Literatur nicht mit dem Ziel zu, die Lücken in meiner klassischen Bildung zu schließen, die ich – gelinde gesagt – als etwas wacklig bezeichnen möchte. Wo war ich bloß und was habe ich gemacht, als die anderen »gute« Bücher lasen? Darauf weiß ich keine Antwort. Und ich fürchte, es ist zu spät, um die verlorene (?) Zeit aufzuholen. Warum also? Nachdem man einen Augenblick ratlos die beiden gigantischen Meere betrachtet hat, die die gestrige und die heutige Literatur bilden (welches von beiden soll man sich vornehmen, wenn man genau weiß, daß ein ganzes Leben nicht ausreicht, um das eine oder das andere zu erforschen?), kann einen möglicherweise die chinesische Sprache reizen. Sie wird manchmal schon in der Grundschule unterrichtet. Das Ziel ist jedoch nicht, die Sprache zu beherrschen, sondern man will das Kind mit einer Denkweise, einer Schrift und einer Kultur bekannt machen, die sich stark von den unsrigen unterscheiden. So erinnere ich mich etwa, daß ich weder *Madame Bovary* noch *Rot und Schwarz* sonderlich aufregend fand (ich war damals gerade in das Werk von John Gardner vertieft), aber ich machte es mir, obwohl mich der Ausflug selbst wenig interessierte, auf den weichen Sitzplätzen bequem, wenn ich das mal so nennen darf, und ließ mich vom hervorragenden Service in den Abteilen verwöhnen.

Auf sporadische, anarchische, oberflächliche Weise zur älteren Literatur zurückzukehren erlaubt einem also nicht, die chinesische Sprache zu lernen, aber wenigsten einen Hauch von ihr einzufangen und am Zweig eines Baumes zu zupfen, um den Duft der Blüten zu spüren, ohne sich um Stamm und Wurzeln zu kümmern.

Um es deutlicher zu sagen: Es ist wohl nicht nötig, den ganzen Shakespeare oder den ganzen Racine gelesen zu haben, um imstande zu sein, einen eigenen Stil zu entwickeln oder Dialoge zu schreiben. Aber wenn man nicht wenigstens ein paar Stücke dieser beiden gelesen hat, ist die Sache verdammt schwierig.

Wir begeben uns alle auf eine Reise, die kein Zurück kennt. Das weiß jeder, aber mir scheint, als sei mir das erst richtig klargeworden, seit ich *Moby-Dick* gelesen habe.

Ich bemühe mich, nicht aus den Augen zu verlieren, daß das vorliegende Büchlein keine Abhandlung über den Stil ist. Melvilles Roman hat mich also dazu ermuntert, die erforderlichen Entscheidungen hinsichtlich dieser besagten Reise mit höchstem Ernst zu treffen. Und daher habe ich immer gewußt, daß es kein Zurück mehr geben würde, sobald ich an Bord war.

Und wenn diese Art von Gewißheit schon nicht den rechten Weg anzeigen kann, hilft sie einem wenigstens, die nötige Kraft aufzubringen. Das ist in einem Beruf wie dem des Schriftstellers, einem Beruf, in dem der Zweifel wie Unkraut wuchert und die Versuchung, das Handtuch zu werfen, ständig da ist, nicht gerade wenig. Denn wie die Seeleute der *Pequod* möchte man am liebsten kehrtmachen. Doch das ist unmöglich. Ringsum ist nur die Unendlichkeit der Meere. Damit muß man sich abfinden und zu seiner Beschäftigung zurückkehren.

Henry Miller
Sexus, Plexus, Nexus

Ich habe nicht von einem Tag auf den anderen beschlossen, Schriftsteller zu werden, aber Henry Miller war bei dieser Entscheidung zweifellos ausschlaggebend.

Dazu muß man wissen, daß man *beschließt*, Schriftsteller zu werden. Die Fähigkeit dazu und vielleicht ein paar in eine Schublade eingeschlossene Beweise dafür zu haben heißt noch nichts, solange man sich nicht dazu entschlossen hat. Zu dem erhofften Talent kommt noch der Wille hinzu – ich würde sogar sagen, beides zu gleichen Teilen.

Als ich die zweitausend Seiten der Trilogie *Sexus, Plexus* und *Nexus* durchgelesen hatte, überkam mich eine starke Selbstverachtung: Ich hatte seit Jahren mit meinen Heften und meinen Notizen angegeben, war aber nicht fähig gewesen, mich ernsthaft an die Arbeit zu machen, ich war faul und feige, gerade eben imstande, die Stunde der Wahrheit auf einen späteren Zeitpunkt zu verschieben. Meine Mittelmäßigkeit wurde mir plötzlich unerträglich.

Was mich beim Lesen dieser Trilogie überwältigt hatte, war die ungeheure Kraft, die darin steckte. Sie haute mich geradezu um. In den trübsinnigen Tagen, die darauf folgten, wurde mir allmählich klar, daß ich entweder nie mehr eine Zeile in meinem Leben schreiben oder aber nie mehr damit aufhören würde.

Der Trübsinn kam vielleicht auch von der Stille, die plötzlich eingetreten war. Von dem Schatten, der noch über mir schwebte. Dabei war mir diese ungeheure Kraft gar nicht fremd: Céline und Kerouac waren in dieser Hinsicht keine Chorknaben. Aber Miller war ihnen haushoch überlegen, er erdrückte einen geradezu, und das in jubelndem Ton.

Die Trilogie *Sexus, Plexus, Nexus* ist eine Autobiographie. Fünf Jahre aus dem Leben eines Mannes, der von dem zähen Willen besessen ist, Schriftsteller zu werden. »Ich habe festgestellt, daß der größte Wunsch meines Lebens nicht darin bestand zu leben – wenn man das leben nennen kann, was die Leute tun –, sondern darin, mich auszudrücken.« Von seiner Frau ermutigt, beantragt Henry Miller mit dreiunddreißig seine Entlassung bei der Western Union Telegraph Company, um sich auszudrücken.

Die Energie, die Begeisterung und der Glaube stellten sich ein. Die Frauen ebenfalls. Und auch die Geldschwierigkeiten, die Enttäuschungen, die Freundschaften, die Lebensfreude, die Arbeit und die Träume.

Auch wenn mich heute nüchterne Schriftsteller (nur was die Literatur angeht) sehr viel stärker bewegen, empfinde ich immer noch tiefe Bewunderung (und eine gewisse Zärtlichkeit) für die anderen, die viel ausschweifender, großzügiger, fieberhafter, monströser sind. Man spürt, daß sie Angst haben, irgend etwas könne ihnen entgehen. Sie wollen die ganze Welt erfassen, sie in einem Netz einfangen, das sie in großer Eile Masche für Masche knüpfen, es ist, als müßten sie ohne fremde Hilfe vor Einbruch der Dunkelheit eine Kathedrale errichten, auf die Gefahr hin, daß ihnen das ganze Gebäude auf den Kopf fällt. Nur die ungeheuer dicken Mauern und die Masse der verwendeten Materialien können das Ganze im Gleichgewicht halten und die Häßlichkeit in Schönheit verwandeln. Diese Schriftsteller sind Heilige. Die nüchternen sind Engel.

Ich weiß nicht, was schwieriger ist. Man darf jedoch den Heiligen zugestehen, daß sie einen gefährlicheren Weg gewählt haben. Die Fülle, der machtvolle Atem, das Wort, das wie ein entfesselter Strom eingesetzt wird, der alles auf seinem Weg mitreißt, all das ist nicht ohne Tücken. Ein paar schwerverdauliche Passagen hier und dort, der eine oder andere Verstoß gegen den guten Geschmack oder die Gesetze des Gleichgewichts lassen sich dabei nicht vermeiden. Gewiß nicht. Aber abgesehen davon, daß sich diese unliebsamen Begleiterscheinungen letztlich in etwas anderes verwandeln und eine dem Himmel zugewandte Häßlichkeit erzwingen, sind sie das gemarterte Fleisch, das auf den Schultern getragene Kreuz, und derjenige, der mit dem Finger auf sie zeigt und die Nase rümpft, wird nie etwas von den Kräften verstehen, die da am Werk sind.

Literarisch gesprochen ist Henry Miller ein Mann von unglaublicher Vitalität wie alle Schriftsteller mit machtvollem Atem, die imstande sind, lange Strecken durchzuhalten. Es gibt einen rein physischen Aspekt in ihrer Arbeit, der sie eher in die Nähe der Bildhauer als die der Maler bringt (auch wenn sich Miller gegen Ende seines Lebens der Malerei zugewandt hat, aber vielleicht gerade darum). Nachdem ich die Trilogie gelesen hatte, nahm ich mir die beiden *Wendekreise* vor. Um mich zu vergewissern, daß der

Strom nicht ausgetrocknet war. Die Empfindung, die ein machtvoller Atem hervorruft, ist vor allem Faszination. Ich fragte mich, ob ein Schriftsteller das Bedürfnis hat aufzustehen, um zu sehen, wie weit sein Schatten reicht.

Während Hemingway fünfhundert Worte am Tag aufs Papier brachte, schrieb Miller fünftausend, was ihm nicht viel Zeit für das Hochseeangeln oder für Stierkämpfe ließ. Aber genug für die Frauen. Und abgesehen von der Faszination, die seine Energie als Schriftsteller auf mich ausübte, schnitt er mit der weiblichen Welt ein Thema an, das mich nicht weniger in Atem hielt. Vor allem die Art, wie er es behandelte.

Die Probleme, die Miller in Frankreich und erst recht in den Vereinigten Staaten mit der Zensur hatte, sind bekannt. »Ein Autor«, erklärt Norman Mailer, »der Hemingway in dessen besten Zeiten gleichkommt und Fitzgerald in allem überlegen ist, ein Autor, der uns in seinen stärksten Momenten Passagen gegeben hat, die ebenso dicht sind wie Faulkners Texte, ein Schriftsteller, der vermutlich imstande war, mehr zu schreiben als Thomas Wolfe, und ihn an Intensität übertraf, eine Sintflut der Prosa, ein Vulkan, ein reißender Strom, ein Erdbeben, und nicht zuletzt ein Schriftsteller, der einem großen Athleten gleicht.« Ein Autor, den man als Pornographen bezeichnet hat.

Man könnte vermuten, daß die Zensoren in den dreißiger Jahren bei dem geringsten Anlaß die Schere zückten und daß ein bißchen Sex, der uns heute nur ein müdes Lächeln abnötigen kann, genügen würde, um sie hysterisch werden zu lassen. Aber so war es nicht. Miller verdiente wirklich den größten Scheiterhaufen, den man sich denken kann. Schlimmer ging es nicht. Und selbst heute sehe ich niemanden, der ihn an Mut, Kraft und Perfektion übertroffen hat, niemanden, der der Pornographie zu einem so schillernden Triumph verholfen hat. »Ihm zufolge«, fährt Norman Mailer fort, »ist Sex der natürliche Gegenstand des Romans, der sich literarisch genauso deutlich und frei umsetzen läßt wie jedes beliebige Gesellschaftspanorama. Man kann das Sexualleben von zwei Personen in seiner ganzen Tiefe erfassen und dabei genauso viel über den Kosmos aussagen wie bei einem traditionellen literarischen Plot mit Bankdirektoren und Dieben, mit ehrbaren Frauen und Nutten, mit Büroangestellten und Killern. Miller zufolge kann der richtige Roman auf die Gesellschaft verzichten. Uns kopfüber ins Weltall katapultieren. Uns durch eine Möse, die von einem Pimmel aufgespießt wird, dorthin katapultieren.« Niemand hat so gut bewiesen wie Henry Miller, daß die Pornographie eine absolute Waffe ist, das Knochenmark, der winzige Teil der reinen Wahrheit, die wir über uns selbst auszusagen imstande sind. Niemand hat sie so begnadet, so frei und mit so glänzender Brutalität verwendet wie dieser ehemalige Angestellte einer Fernmeldefirma. Niemand hat soviel Talent besessen und zugleich soviel Mut aufgebracht.

Bis dahin beschränkte sich meine Erfahrung auf diesem Gebiet auf Sade und Bataille (was *Lady Chatterley* angeht, so schien mir das höchstens für den Kindergarten geeignet, und *Die elftausend Ruten* hatten mich tödlich gelangweilt). Da war mir das Heftchen *Paris–Hollywood* noch lieber, auch wenn die Fotos retuschiert und die Geschlechtsteile auf skandalöse Weise beseitigt worden waren. Wenigstens kamen sie einem irgendwie näher und realistischer vor. Bei Sade und Bataille bewegte sich der Sex auf fremden Gebieten, überspitzte die Dinge derart, daß man wenig mit ihnen anzufangen wußte, strebte ferne Ziele an und bewegte Marionetten hin und her, deren Inneres mit Klang erfüllt war. Diese Art von Sex hatte nur wenig mit dem täglichen Leben zu tun, mit den Beziehungen zwischen den Menschen und dem, was sie miteinander machen, wenn sie von gewissen Trieben erfaßt werden. Dieser Sex wurde nicht als die auf der ganzen Welt am meisten verbreitete Tätigkeit dargestellt, sondern eher als eine Ausnahme, als eine ganz spezielle Praktik, der sich ganz spezielle Leute hingaben. Wie Bridge etwa.

Bei Henry Miller dagegen setzt sich der Sex plötzlich als ein unerläßliches Element für das Verständnis der Welt durch. Von seinem anekdotischen Charakter befreit, mit dem Alltag konfrontiert, dem Schatten entrissen und in grelles Licht getaucht, hat der Sex von nun an ein Wörtchen mitzureden. Und wenn Miller so manchem den Atem verschlug, die heftigsten Reaktionen bei seinen Befürwortern wie auch bei seinen Gegnern auslöste (wobei letztere ihren erbärmlichen, übelerregenden Kreuzzug wie immer im Namen einer Moral führten, die vor der Schlafzimmertür haltmacht) und die Landschaft verwüstete wie ein Feuerball, der vom Himmel gefallen ist (ja ja, vom Himmel!), dann nicht nur, weil er einen unbeachteten Schatz, eine ungenutzte und aufgrund weiß Gott welcher allgemeinen Geistesverwirrung zum Vergessen verdammte Macht ans Tageslicht brachte, sondern weil es ihm gelang, diese Macht zu verherrlichen und sie in hochkarätige Literatur zu verwandeln.

Jeder, der sich darin versucht hat, weiß, daß die Pornographie eine äußerst schwierige Sache ist, die nur die Besten richtig anzugehen verstehen. Entgegen der Ansicht von Sonntagsschriftstellern und Feiertagslesern erfordert sie viel Fingerspitzengefühl, höchste Konzentration und einen ungemein ausgeprägten Sinn fürs Gleichgewicht. Denn etwas Riskanteres kann man sich kaum vorstellen. Während man für diesen Drahtseilakt behutsam einen Fuß vor den anderen setzt, tauchen in der Tiefe links und rechts Felder auf, die mit Opfern übersät sind: Die einen sind an ihrer Zimperlichkeit gescheitert, die anderen daran, daß sie sich im Genre geirrt haben. Die einen wie die anderen von der Lächerlichkeit dahingerafft. Sich im Genre zu irren, damit meine ich, Pornographie mit dem Samstagnachtfilm zu verwechseln, bei dem sich jeder tödlich langweilt.

Es gibt keine Pornographie ohne Weltanschauung, was einen Großteil des oben erwähnten Scheiterns erklärt. Doch die Materie ist begrenzt, das Handwerkszeug ist für alle dasselbe, da bleibt nur noch die Weltanschauung, die ermöglicht, den Spreu vom Weizen zu trennen. Da, wo die Vorsichtigen in der Erotik Zuflucht suchen (sehen Sie nur ihr zufriedenes Lächeln, ihren gepflegten französischen Garten, atmen Sie ihren modrigen Geruch ein), müssen sich die anderen, die noch an etwas glauben, mit bloßen Fäusten schlagen: keine Hollywoodproduktion und kein Arsenal von schillernden Metaphern. Keine Ausflüchte und keine Augenwischerei: nur das Basisvokabular, das so trocken und hart ist, daß man sich die Zähne daran ausbeißen kann. Kein Augenzwinkern, kein heimliches Einverständnis mit dem Leser, mit dem die erotische Literatur hausieren geht, nein, bloß keine Vulgarität. Und bloß nicht diese noch viel widerlichere Scham, die die Sexualität auf die gleiche Stufe wie das *entertainment* stellt.

Wenn man der Sexualität ins Gesicht sehen und sich so die Möglichkeit geben will, etwas davon zu begreifen (kurz: *welche* Kräfte bewegen *was* – oder *wen*), dann führt der Weg zwangsläufig über die Pornographie, es sei denn, man zieht es vor, auf der Stelle zu treten. Leider gibt es keine Pornographie in den Sexshops, sondern nur Scheiße, und daher muß man die Pornographie dort suchen, wo sie zu finden ist, nämlich bei den wenigen Filmemachern und Schriftstellern, die sie als eine edle Materie betrachten, die untrennbar mit der menschlichen Natur verbunden ist und daher verdammt interessant ist.

Den Blinden, den kurzsichtigen Kritikern, den Pseudointellektuellen, den Leuten, die sich blöde Fragen über die Zukunft des Romans stellen, ohne je imstande gewesen zu sein, auch nur einen Satz zu schreiben, der diesen Namen verdient, könnte man folgende Frage stellen: Und wenn die einzige Realität, das beste Mittel, »unser Zeitalter gedanklich zu erfassen«, in einer Fickszene enthalten wäre? Wenn das getreueste Abbild unserer Gesellschaft in konzentrierter Form darin zu finden wäre? Wenn man darin all unser Grauen, unsere Ängste, die Freude und das Leid unserer irdischen Bedingungen entziffern könnte? Und trivialer gesagt, wenn unsere Art zu vögeln, unser Bezug zum Sex, die Art, wie wir darüber sprechen und wie wir ihn praktizieren, mit welchen Worten, mit welcher Brutalität, schweigend oder nicht und in welchen Stellungen und das Vorher und Hinterher und in welcher geistigen Verfassung und mit welcher Absicht und mit welcher Hingabe und bis wohin und warum... wenn man auf all diese Fragen eine Antwort fände und bereit wäre, sie nur für einen ganz kurzen Augenblick objektiv zu betrachten, hätte man dann nicht die zuverlässigste Momentaufnahme, die man sich vorstellen kann, die getreueste Skizze der Realität? Aber tun Sie sich keinen Zwang an. Ich habe nicht den Auftrag, Ihre Kritiken zu schreiben. Wir haben nicht die gleichen Sorgen.

»Lieber Mr. Miller«, schrieb Lawrence Durrell, »eben habe ich den *Wendekreis des Krebses* noch einmal gelesen und möchte Ihnen gern einige Worte darüber schreiben. Ich halte es für das einzige Werk von wirklich großem Format, dessen sich unser Jahrhundert rühmen darf... Ich habe ähnliches nie gelesen. Ich kann mir nicht vorstellen, daß ähnliches geschrieben werden könnte; und seltsam, beim Lesen glaubte ich trotzdem zu wissen, daß es etwas ist, wofür wir alle reif waren...«

Die Schockwelle, die mich gut vierzig Jahre später traf, hatte nichts von ihrer anfänglichen Stärke verloren. Als ich zu Beginn der achtziger Jahre meine ersten Tantiemen erhielt, folgte ich mit dem *Koloß von Maroussi* in der Hand seiner Spur bis nach Griechenland. Dann entdeckte ich, daß er Céline und Cendrars bewunderte.

Bevor meine Frau die Schriftstellerporträts, die ich an die Wand geheftet hatte, abriß (ich hatte selbst nicht die Kraft dazu, stimmte ihr aber durchaus zu, daß ich dafür nicht mehr jung genug war), hatte Henry Miller einen Ehrenplatz unter ihnen eingenommen. Damals wurden meine Bücher als schwacher Abklatsch der amerikanischen Autoren angesehen, aber wenn mein Blick auf das Foto von Henry Miller fiel, spürte ich, daß ich dieses Kompliments nicht würdig war. Die größte Gefahr, die einen Schriftsteller bedroht, ist die Eitelkeit. Wenn ihn nichts in die Wirklichkeit zurückholt, wenn keine Stimme ihm ins Ohr flüstert, daß er nichts taugt, muß man sich auf das Schlimmste gefaßt machen. Dann wird der arme Kerl nie mehr erfahren, was Wut und was Fortschritt ist. Daher der Reiz, sich Ziele außerhalb seiner Reichweite zu setzen, unbezwingbare Gipfel, von denen man den Blick nie abwendet.

In dieser Hinsicht sind Henry Miller und Jack Kerouac geradezu ideale Vorbilder, schöne unerreichbare Berggipfel. Sie lassen sich leicht benutzen. Sie haben breite Schultern. Ihr Werk dominiert noch immer die Landschaft. Es ist umfangreich, großzügig, einzigartig, tiefschürfend und umstritten. Es besitzt eine Ausstrahlung, die größer ist als die Energie, die diese Ausstrahlung erzeugt, und wird daher immer außer Reichweite bleiben.

Wenn es also meines Erachtens nicht unnötig ist, uns ein paar Ruten zu besorgen, um uns auszupeitschen, ehe die Eitelkeit uns erstickt, dann sollten wir diese wenigstens sorgfältig aussuchen. Uns jene sorgfältig aussuchen, die dazu bestimmt sind, uns geduldig, streng, aber wohlwollend zurechtzuweisen. Denn mal ehrlich, wer hätte schon Lust, sich von Nabokov auspeitschen zu lassen? Wie Sie sehen, hat diese Sache auch etwas Gefühlsmäßiges an sich. Jenseits des Werks stehen das Individuum und die Frage, wie weit man innerlich mit ihm verwandt ist. Die wahren Lehrmeister sind jene, die einem das Herz bluten lassen, nicht wahr? Nicht der unglaubliche Schatten von Joyce oder Proust läßt mich bis in die Fingerspitzen erschauern, sondern der strahlende Glanz von Miller oder Kerouac. Man weiß ja, daß es hier auf Erden keine Gerechtigkeit gibt. Einige wenige Schriftsteller begleiten einen das ganze Leben, andere nicht. Einige wenige Schriftsteller werden zu einer unerschöpflichen Quelle, zu einer ewig währenden Zufluchtstätte, zum Träger unseres Glaubens. Sie bilden unsere Familie, die anderen nicht. Aber auch hier verlassen wir wieder das eigentliche Gebiet der Literatur. Und man kann wieder freier atmen.

William Faulkner
Als ich im Sterben lag

Warum *Als ich im Sterben lag* und nicht *Schall und Wahn*, *Licht im August* oder *Absalom, Absalom*? Einfach deshalb, weil es die erste Tür war, die ich öffnete, um Faulkners Welt zu betreten. Sonst wüßte ich nicht, wie ich mich entscheiden sollte. »Was soll ich von Faulkner lesen? Womit soll ich anfangen?« Wenn man mir diese Fragen stellt, legt sich eine schwere Last auf meine Schultern. Dann sage ich sehr bald unzusammenhängende Dinge und verwirre damit meinen Gesprächspartner. Bestenfalls hole ich etwas zu schreiben hervor und stelle eine Liste mit einem halben Dutzend Bücher zusammen. Wenn man mir dann mit einem enttäuschten Lächeln antwortet, verhalte ich mich wie Pontius Pilatus: Ich überlasse den anderen die Dreckarbeit.

In Faulkners Werk gibt es, wie man uns sagt, kein herausragendes Buch wie *Moby-Dick* oder *Ulysses*. Zum Glück. Man kann also nicht nur ein Buch lesen und sich den Rest ersparen. Malraux hat jedoch mit seinem »Einbruch der griechischen Tragödie in den Kriminalroman« *Die Freistatt* ganz schön ins Rampenlicht gestellt, und daher beginnt man häufig mit diesem Roman, dem bekanntesten. Aber ich weiß nicht. Ich weiß nicht, ob das der beste Zugang ist. Auch wenn ich davon überzeugt bin, daß man Faulkner *unmöglich* widerstehen kann, mißtraue ich diesem Buch.

Ich bin mir nicht sicher, ob es dazu geeignet ist, den verhängnisvollen Schlag zu versetzen. Denn immer wenn ich jemanden an Faulkner verweise, möchte ich sicher sein, daß er sich nicht davon erholt. Dafür fühle ich mich verantwortlich.

Als ich irgendwann mal einen Blick in die Sekundärliteratur über Faulkner warf, hatte ich plötzlich den Eindruck, ein Idiot zu sein. Ich erinnere mich vor allem an eine Arbeit über *Absalom, Absalom*, eine sehr gewissenhafte und, wenn ich mich recht entsinne, ausgesprochen glänzende Analyse. Leider hob sie gewisse Punkte hervor, die mir nicht in den Sinn gekommen waren, und gewisse strukturelle Kunstgriffe, die ich nicht bemerkt hatte. Daher kam mir das Vergnügen, das ich beim Lesen von *Absalom, Absalom* empfunden hatte, einen Augenblick lang verdächtig vor. Aber nur einen flüchtigen Augenblick, wie ich hinzufügen möchte.

Faulkner schlägt den Leser in seinen Bann. Das bedeutet, daß dieser ziemlich schnell in eine Art Hypnose versetzt wird, je tiefer er in den Roman eindringt, und daß er, nachdem er eingekreist ist, auf allen Seiten von Armen ergriffen wird, die ihn hochheben. Von da an ist es ihm unmöglich, kehrtzumachen und sich über unklare Absichten zu beschweren, die die Landschaft verdunkeln, denn man ist von der Schönheit dessen, was man durchquert, wie gelähmt, auch wenn diese hier und dort geheimnisvoll, unzugänglich oder unergründbar bleiben mag.

Die feinsinnige Analyse eines Werkes bietet keine Gewähr dafür, daß man sämtliche Schönheiten wahrgenommen hat (die Komplexität von Joyce' *Ulysses* oder Lowrys *Unter dem Vulkan* mühelos zu bewältigen bedeutet nicht mehr, als eine einzige Saite erklingen zu lassen), und nicht einmal dafür, daß man das Wesentliche erfaßt hat. Man kann sich vor Skrjabin auf die Knie werfen, ohne die geringste Vorstellung von der Schwierigkeit zu haben, die die Aufführung seiner Musik darstellt. Alle großen Werke haben mehrere Zugangsmöglichkeiten. Sie lassen nie jemanden vor verschlossener Tür. Sie führen uns immer auf die eine oder andere Weise dem Licht entgegen.

Ich sichere mich vermutlich viel zu sehr ab. Ich möge verdammt sein, wenn diese unbeholfene Vorrede den Eindruck hervorruft, Faulkner sei ein schwieriger Autor, oder wenn sie auch nur einen Menschen davon abhält, ihn zu lesen. Wenn das der Fall sein sollte, habe ich nichts gesagt. Faulkner ist ein wunderbarer, unvergleichlicher, schwindelerregender Autor mit unglaublichem Talent. *Als ich im Sterben lag* ist ein wahres Wunderwerk. *Schall und Wahn* eine Art Diamant und *Licht im August* ein schimmernder Goldblock. Das hätte ich gleich sagen sollen.

Die fade, langweilige Einleitung von Valery Larbaud (von dem man etwas mehr erwartet hätte), auf die man stößt, wenn man die französische Ausgabe von *Als ich im Sterben lag* aufschlägt, ist ein schlechter Scherz, vor allem wenn man bedenkt, daß sie von einem Mann stammt, der Walt Whitman und William Carlos Williams bewunderte, an der Übersetzung von *Ulysses* aktiv teilgenommen hat und einer der leidenschaftlichsten Befürworter der amerikanischen Literatur war (die man damals als »folkloristisch« bezeichnete, um alle Schwierigkeiten zu umgehen). Der französische Leser sollte also dieses Vorwort herausreißen und nicht daran zweifeln, daß er eines der Dinge in der Hand hält, welche die Schönheit dieser Welt ausmachen.

Anse Bundren bricht in Begleitung seiner Kinder auf, um seine Frau zu beerdigen, die soeben gestorben ist. Die Reise dauert mehrere Tage. Die Leiche beginnt zu verwesen. Beim Überqueren eines Flusses verlieren sie ihre Maultiere, einer der Söhne bricht sich ein Bein (es wird brandig), ein anderer wird verrückt (er steckt die Scheune in Brand, in der sich die ganze Familie ausruht), die Tochter muß eine Abtreibung vornehmen lassen (sie hat vor, Kuchen zu verkaufen, um das nötige Geld aufzubringen)... und in neunundfünfzig inneren Monologen (selbst dem der verstorbenen Addie, der an zentraler Stelle steht) nimmt man an dem Leichenzug teil, in neunundfünfzig Teilen eines Puzzles, die wie glühende Reiser angefacht werden.

Der innere Monolog ist Faulkners große Spezialität. Lesen Sie *Schall und Wahn*, um zu sehen, wozu er fähig ist (die vierzigtausend Worte aus dem Monolog von Molly Bloom in *Ulysses* stellen den anderen unerreichbaren Gipfel dieser eigenwilligen, gewissenhaften Arbeit dar). Bei Faulkner stößt man auf viel Schweiß, viel Brutalität, viel Licht. Seine Protagonisten sind einfältige Menschen, gefallene Mädchen, Schwärmer, Rohlinge, Heilige und Märtyrer. Daher kann man sich leicht vorstellen, wie verdichtet diese berühmten Monologe sind, ihre düstere, von Blitzen erhellte Schönheit, ihre schwüle Atmosphäre, ihre schwindelerregenden Abgründe.

Faulkner ist ein Meister des Aufbaus. Darüber sollte man

allerdings nicht das Wesentliche vergessen: die Macht seiner Worte, den poetischen Hauch, der sich wie ein undefinierbarer, unregelmäßiger leichter Wind erhebt, kommt und geht, sich um die eigene Achse dreht, zunimmt, bis er auf allen Seiten pfeift und heult und alles auf seinem Weg hinwegfegt. Es handelt sich dabei um eine stufenweise ansteigende Dichtung, die sich auf Variationen und Wiederholungen stützt und erst nach und nach ihren festen Rhythmus erreicht, wie eine Maschine, die sich erst warmlaufen muß. Sie funktioniert wie ein Hohlwirbel: Man kreist zunächst langsam am Rand und wird plötzlich unweigerlich in die Tiefe gezogen.

Der große Meister im Aufbau hat manchmal ulkige Dinge erzählt. Er erklärte zum Beispiel, daß die verschiedenen Stimmen, die in *Schall und Wahn* zum Ausdruck kommen, ihre Existenz der Tatsache verdanken, daß er unfähig sei, die Geschichte ganz normal zu erzählen, »auch wenn ich alles getan habe, was in meiner Macht stand, und es immer wieder vergeblich versucht habe.« Oder über *Licht im August*: »Als ich mit dem Roman begann, stand mir nur ein Bild vor Augen: eine schwangere junge Frau, die eine ihr unbekannte Landstraße entlanggeht.« In einem Interview in der *Paris Review* erklärte er außerdem: »Es gibt kein Rezept, das Schreiben zu lernen, keine Abkürzung. Ein junger Schriftsteller wäre ein Idiot, wenn er eine Theorie anwenden würde. Man zieht eine Lehre aus seinen eigenen Fehlern. Ein guter Künstler glaubt, daß niemand gut genug ist, um ihm einen Rat erteilen zu können.«

Als ich später einmal erklärte, daß ich zu Beginn eines

Romans nur einen einfachen Satz im Kopf hätte, wollte mir das niemand glauben, oder aber man beschloß, darin den Grund für meine kümmerliche Leistung zu sehen. Und als ich ungeschickterweise noch hinzufügte, daß ich weder Ratschläge noch Hilfe in irgendeiner Form akzeptiere, erklärte man mich für maßlos hochmütig. Kurz gesagt, ich sei kein Schriftsteller.

Es ist gut möglich, wie ich gern zugebe, daß man nicht zu Faulkner wird, indem man sich vor ein leeres Blatt setzt und sich die Ohren zuhält. Aber sich umgekehrt zu verhalten und alle möglichen Vorkehrungen zu treffen (zu wissen, worauf man hinauswill, auf die anderen zu hören, sich wie verrückt vor sich selbst in acht zu nehmen), garantiert das vielleicht ein besseres Ergebnis?

Ich vertrete einen extremen Standpunkt, weil ich immer davon überzeugt war (das mag total romantisch erscheinen), daß ein Schriftsteller ein Typ ist, dem eine gewisse Gnade zuteil geworden ist, eine Gnade, die ziemlich zerbrechlich ist, und daß man daher hart kämpfen muß, um sich seine integre Haltung zu bewahren. Ich stellte mir eine kleine Flamme vor, die man unterhalten und vor üblen Winden schützen mußte – sie waren zwangsläufig übel, egal woher sie kamen. Ich hatte vermutlich nicht die richtigen Bücher gelesen (»Du bist ein Genie – immer«, sagte Kerouac wiederholt). Ich vertrat aus Prinzip die Ansicht, daß die Welt, die mich umgab, mir feindlich gesinnt sei und mir nur unannehmbare Kompromisse aufzwingen würde. Entweder war ich imstande zu schreiben oder nicht. Die Entscheidung lag bei mir. Und falls ich mich trotz allem irren sollte, falls ich einfach nur verrückt war wie eine ganze

Reihe anderer, konnte ich mich wenigstens ohne jede Verbitterung mit meinem Wahnsinn abfinden.

Ich habe auch heute noch nicht meine Meinung geändert. Aber jetzt kann ich besser verstehen, daß man auf andere hören kann, über einen Ratschlag nachdenkt, eine Bemerkung überdenkt. Ich habe lange gebraucht, ehe ich begriff, daß ich einen besonderen Weg eingeschlagen hatte und daß er nicht der einzige Weg und auch nicht die unerläßliche Bedingung für den Erfolg war. Unter den besten Schriftstellern dieser Epoche haben viele nicht so eine starre (behindernde?) Haltung eingenommen wie ich. Offensichtlich sind sie damit gut gefahren.

Und daher weiß ich nicht, warum ich mir die Mühe mache, jetzt noch Faulkners Antwort auf die verwunderte Frage zu zitieren, warum er nicht das Bedürfnis empfinde, mit jemandem über seine Bücher zu diskutieren: »Ich bin viel zu sehr damit beschäftigt, sie zu schreiben. Sie müssen mir gefallen, und wenn das der Fall ist, brauche ich nicht darüber zu sprechen. Und wenn sie mir nicht gefallen, wird die Sache auch nicht dadurch besser, daß ich mit jemandem darüber spreche, denn die einzige Möglichkeit, sie zu verbessern, besteht darin, mehr zu arbeiten. Ich bin kein Intellektueller, ich bin ein Schriftsteller.«

Ich weiß, was Sie jetzt denken: Daß ich mit der einen Hand das wieder zurücknehme, was ich mit der anderen gegeben habe. Daß ich eine naive Vorstellung von der Literatur habe. Daß ich die Arbeit des Lektors unterschätze. Daß ich unter falschem Stolz leide. Daß schon eine bloße Danksagung ausreicht, um mich zu verunsichern.

Wirklich? Habe ich nicht gerade einen Beweis für meine

Aufgeschlossenheit gegeben? Habe ich vielleicht die heilige Einsamkeit des Schriftstellers herbeibemüht? Habe ich einen einzigen meiner Kollegen gekränkt?

Ich verdanke Faulkner so manchen Rausch, wie ihn keine Droge je in mir ausgelöst hat. Viele von den hier zitierten Autoren haben mir größeres Vergnügen bereitet, oft sogar Momente des absoluten Glücks. Aber ich fühlte mich dabei wie eine Frau, die ihren Liebhaber empfängt und beim Liebesakt vor Lust stöhnt, eine Lust, die sie schon vorweggenommen und auf die sie sich bewußt oder unbewußt vorbereitet hat. Ich will damit sagen, daß Kerouac zum Beispiel alle Saiten in mir anschlug, auf die ich in der Hoffnung auf den vollkommenen Akkord, der in meiner Brust erklingen würde, schon im voraus gespannt hatte. Faulkner dagegen hat mich eher vergewaltigt. Er hat sich nicht im geringsten um mein Begehren gekümmert. Nachdem ich mich so lange vom geringsten Anzeichen eines Stils in helle Aufregung hatte versetzen lassen und bereit gewesen war, mich der erstbesten Sirene hinzugeben, wagte ich mich plötzlich im Gefolge eines Unbekannten, der anfangs nicht den geringsten Reiz auf mich ausübte, in die Grafschaft Yoknapatawpha vor.

Ich möchte noch einmal auf die hypnotische Wirkung zurückkommen, die Faulkner auf seinen Leser ausübt. Ich sollte besser von einer doppelten Wirkung sprechen, denn sie wird sowohl durch seine Art zu schreiben als auch durch den Handlungsablauf erzielt, so daß man buchstäblich in die Zange genommen wird. Die Hypnose tritt in dem Augenblick ein, da man nicht mehr weiß, ob man sich der Freude an der Musik überlassen soll (dumpfes Grollen kündet das Hervorbrechen des Poetischen an) oder ob man nicht vielmehr die Bauweise der Kathedrale bewundern müßte (die Verschachtelung der Geschichte wie auch die der Romanfiguren ruft einen gewissen Taumel hervor). Diese Hingabe, diese unerbittliche Unterwerfung des Lesers erfolgt ziemlich schnell. Andere Autoren überwältigen einen schon in den ersten Zeilen. Faulkner dagegen läßt sich Zeit. Es ist, als beobachte er uns. Er ist ein Mann des Südens, er weiß, wie lang der Tag ist, und ist es nicht gewohnt, sich zu beeilen. Er beobachtet uns und fragt sich dabei, wie er uns am besten in die Pfanne haut. Ehe er aufsteht, bleibt er noch eine Weile im Schatten und läßt uns in der prallen Sonne schmoren. Er weiß schließlich, was uns erwartet, und das belustigt ihn bestimmt.

Ernest Hemingway

Zu Beginn dieser Ausführungen bin ich noch einigermaßen konsequent vorgegangen, wie ich jetzt feststelle. Ich war imstande, ein Buch zu nennen und mich mehr oder weniger daran zu halten. Bei Faulkner habe ich mich schon etwas gehenlassen. Und jetzt, da ich zu Hemingway übergehe, klappt plötzlich gar nichts mehr. Ich weiß nicht mehr, was ich als erstes gelesen habe, und auch nicht, welches seiner Bücher mich am stärksten beeindruckt hat. Vermutlich die *short stories*, aber das kann ich nicht beschwören. Vielleicht *Der alte Mann und das Meer*, weil es so schön geschrieben ist, aber vielleicht war es auch *Fiesta*.

Ernest Hemingway selbst bringt mein Gedächtnis durcheinander. Das Bild des Mannes überschattet sein Werk. Seine physische Präsenz verweist sein Werk auf den zweiten Platz oder drängt sich zumindest als etwas von ihm Untrennbares auf. Für mich kommt keiner seiner Sätze aus einem Buch, sondern nur aus seinem Mund, und ich sehe noch, wie sich die Lippen in seinem Gesicht bewegen.

Mit diesem seltsamen Phänomen bin ich schon oft konfrontiert worden. Die meisten meiner Lieblingsautoren tauchen beim Lesen plötzlich vor meinen Augen auf, aber nie länger als ein paar Minuten, Hemingway dagegen ist mir vollkommen gegenwärtig: Er ist nicht mehr ganz jung, hat einen gebräunten Oberkörper und rauhe Hände. Er hat etwas zugenommen, besitzt aber noch einen gewissen Charme. Seine Stimme ist angenehm. Ich spüre den Geruch seines Schweißes. Damit will ich aber nicht sagen, daß wir uns nahestehen. Ich will Ihnen nur zeigen, wie verwirrend die Macht der Literatur sein kann. Unsere Beziehung stößt, wie Sie sich denken können, sehr bald auf unüberwindbare Schranken. Selbst wenn er eine hübsche Frau wäre, es würde mir nicht anders ergehen.

Da ist er also. Ein Mann, ein Meter dreiundachtzig groß und über hundert Kilo schwer, der »amerikanische Byron«. Da ist er, so wie er überall gewesen zu sein scheint, als wollte er sozusagen den Kundendienst übernehmen und das niemand anderem überlassen.

Verstehen Sie, was ich meine? Man ist nie sehr nett zu ihm, kann nicht umhin, ein paar spitze Bemerkungen ihm gegenüber zu machen, denn man verzeiht ihm nicht ganz seine großmäulige Aufschneiderei, seine narzißtische Zurschaustellung seines Privatlebens und seine »Nun laß mich mal ran«-Haltung, obwohl er uns nur ein relativ begrenztes Werk hinterläßt: etwa fünfzig *short stories* und sechs Romane, von denen drei nicht besonders gelungen sind.

Schriftsteller zu sein ist physisch gar nicht so einfach. Ein guter Schriftsteller zu sein ist noch keine Garantie dafür, einen angesehenen Platz in der Gesellschaft einzunehmen. Zum Glück zwingt einen nichts dazu, sein Talent im Hochseeangeln, im Stierkampf, auf der Großwildjagd oder im Krieg unter Beweis zu stellen. Nichts zwingt einen, in den Ring zu steigen, solange es mit Sesseln eingerichtete Salons gibt, in denen man debattieren kann. Hemingway war ein rauhbeiniger Kerl, der unbedingt zeigen wollte, daß »er hart im Nehmen war«. Und das Ergebnis?

Als Kind stolpert er über einen Stock, der sich ihm in die Kehle bohrt und ihm die Mandeln zerfetzt; er reißt sich den Rücken mit einem Angelhaken auf. 1915–1917: Verletzungen beim Boxen; Verletzungen beim Fußball. 1918: zertrümmert mit einem Fausthieb eine Schaufensterscheibe. 8. Juli 1918: Gehirnerschütterung und Körperverletzung durch Granatsplitter und Maschinengewehrschüsse. Juni 1920: reißt sich beim Laufen über Glasscherben die Füße auf. Juli 1920: fällt auf einem Schiff über eine Klampe, was eine innere Blutung hervorruft. April 1922: Verbrennungen durch die Explosion eines Heißwasserboilers. September 1925: Gelenkbandriß am rechten Fuß. Dezember 1927: Verletzung am rechten Auge. März 1928: knallt mit der Stirn an ein Dachfenster, die Wunde muß genäht werden. Oktober 1929: Leistenbandriß. Mai 1930: bricht sich den rechten Arm bei einem Autounfall. April 1935: schießt sich beim Harpunieren eines Hais eine Kugel ins Bein. Februar 1936: bricht sich beim Tritt gegen ein verschlossenes Tor den großen Zeh. 1937: tritt mit dem Fuß einen Spiegel ein. August 1938: verletzt sich die Pupille des linken Auges. Mai 1944: zweite Gehirnerschütterung, als sein Wagen während des Blackouts eine Zisterne rammt. August 1944: dritte Gehirnerschütterung beim Sprung vom Motorrad in einen Graben, er sieht doppelt und leidet an Impotenz. Juni 1945: überschlägt sich mit dem Auto, sein Kopf prallt gegen den Rückspiegel, Knieverletzung. September 1949: ernsthafte Schürfwunden beim Spiel mit einem Löwen. Juli 1950: vierte Gehirnerschütterung, schlägt sich beim Sturz auf einem

Schiff den Schädel auf. Oktober 1953: reißt sich beim Sturz von einem Auto das Gesicht auf und renkt sich eine Schulter aus. Januar 1954: zwei Flugzeugabstürze in Afrika, fünfte Gehirnerschütterung, Schädelbruch, innere Blutungen, Lähmung des Schließmuskels, doppelter Bandscheibenriß, Leberprellung, rechte Niere und Milz geplatzt, rechter Arm und rechte Schulter ausgekugelt, Verbrennungen ersten Grades. Oktober 1958: verstauchter Knöchel, Riß des Fersenbands beim Klettern über einen Zaun. Juli 1959: sein Auto gerät in der Nähe von Burgos von der Straße ab. 2. Juli 1961: schiebt sich den Lauf eines 12-mm-Gewehrs der Marke Boss in den Mund und jagt sich eine Kugel durch den Kopf. (Einer anderen Quelle zufolge preßt er den Lauf gegen die Stirn, so daß die Kugel die gesamte Hirnschale zertrümmert.)

Wie dem auch sei. Man muß schon zugeben, daß sich Hemingway vieles selbst eingebrockt und sich nicht gerade geschont hat. Sein Körper hat ihm so manchen Streich gespielt und sich fast ständig an der Welt gemessen. Der Schmerz als Stilübung.

Man wirft Hemingway vor, er habe sich als Hemingway in Szene gesetzt und seit den dreißiger Jahren selbst karikiert. Schriftsteller wie Saul Bellow oder Norman Mailer haben ihm die wohlverdienten Strafpredigten verpaßt.

Seine Haltung wird heute noch stärker als früher belächelt, wenn nicht gar verspottet. Die Verherrlichung der Männlichkeit, übt, falls sie überhaupt jemals die Massen bewegt hat, kaum noch einen Reiz aus (außer das griechisch-römische Ringen, das perverse Berührungen erlaubt).

Dennoch war die Sache, wie man weiß, so einfach auch

wieder nicht. Eine Stierkampfarena, einen Boxring oder einen Kriegsschauplatz zu betreten sind nicht unbedingt unbewußte Handlungen. Und es sei denn, man hat vor nichts Angst und gehört zu den Hitzköpfen, die ihr Leben aufs Spiel setzen, ohne es überhaupt zu merken, erfordert der Mut einen hohen Preis. Hemingway hatte Angst. »Seit der Nacht des 8. Juli 1918 [der Nacht seiner Kriegsverletzung], in der ich entdeckt habe, daß auch das nur Wind ist, habe ich mich nie mehr zu den harten Männern gerechnet.« Wozu der Übersetzer Maurice-Edgar Coindreau noch hinzufügt, daß er ein Angeber sei, der den harten Mann markierte, weil er Angst vor der Dunkelheit hatte.

Niemand dürfte bezweifeln, daß M.-E. Coindreau dagegen ein richtig harter Mann war. Daß er vor Hemingway herlief, um die Stiere zu zerstückeln oder sich in einem Granatenhagel zu tummeln. Daß er mit einem Lächeln auf den Lippen durch die Dunkelheit ging. Man kann ihm leider nicht erklären, wie sehr einem die unechten harten Männer und ganz allgemein gewisse menschliche Schwächen im Laufe der Zeit ans Herz wachsen. Insbesondere da sich Hemingway, der Liste seiner Rückschläge nach zu urteilen, nicht damit begnügte, sich angesichts einer Bewährungsprobe in die Brust zu werfen: auch wenn er zitterte, auch wenn er die »tragische Dämmerung« durchqueren mußte, wie Maurice-Edgar hervorhebt (und er geht noch weiter: »Wenn er uns wirklich seine Kühnheit zeigen will, dann soll er diesen riesigen Doppelgänger töten, der ihn wie ein verhängnisvoller Schatten begleitet«), auch wenn er nur noch ein »müder alter Haudegen« war, verausgabte er sich mehr als nötig. Von welchem Standpunkt auch immer man die Mannhaftigkeit betrachtet, sie bleibt eine Last. »Hart im Nehmen zu sein« kann, auf den literarischen Bereich angewandt, jedoch zu guten Ergebnissen führen: insbesondere eine gewisse Trockenheit, die eine Stimmung erträglich machen und eine Sichtweise hervortreten lassen kann. In einer Stierkampfarena aus dem Mund von Antonio Ordoñez zu erfahren, daß es leicht ist, die *Illusion* einer Gefühlsreaktion hervorzurufen, daß aber ein Torero, der dieses Namens würdig ist, sich solcher Mittel nie bedient, ist ein typischer Fall für eine Erklärung, die, wenn sie einem Schriftsteller zu Ohren kommt, eine besondere Bedeutung annimmt. Schreiben, wie man das rote Tuch handhabt: mit absoluter Präzision und ohne Tricks.

Es ist möglich, daß Hemingway mit fortschreitendem Alter nicht besser geworden ist. Daß er in wenigen *short stories* und bereits in seinen ersten Romanen fast alle Themen seines Werks erschöpft hat (den Mißerfolg, die Angst, das Nichts, das man im Glaubensbekenntnis des Kellners aus der Geschichte *Ein sauberes, gutbeleuchtetes Café* zusammenfassen kann: »*Nada* unser, der Du bist im *nada*, *nada* sei Dein Name, Dein Reich *nada*, Dein Wille *nada*...«). Aber es bleibt seine Art zu schreiben, der berühmte knappe, elliptische Telegrammstil, der später so oft nachgeahmt worden ist. Ich weiß nicht mehr, wer ihn mit einem Blatt verglichen hat, das auf seine Rippen reduziert wird, aber ein zutreffenderes Bild dürfte es kaum geben.

Wie viele Schriftsteller habe ich so manche Stunde damit verbracht, diesen Stil unter die Lupe zu nehmen, und habe versucht zu begreifen, wie man diese Präzision und Prägnanz, die auf alles schmückende Beiwerk verzichtet, erreichen kann. Wie man, um einen Hinweis von Hemingway aufzugreifen, einen gesamten Eisberg beschreibt, obwohl man nur die sichtbare Spitze zeigt.

Schon allein deshalb (und wegen der Nick-Adams-Stories) bleibt Hemingway ein großer Lehrmeister. »Damals habe ich versucht«, erklärte er, »die kleinen, unauffälligen Dinge wiederzugeben, die Gefühlsreaktionen auslösen, etwa die Art, wie man seinen Handschuh wegwirft, ohne darauf zu achten, wo er hinfällt, oder das Knirschen des Harzbodens unter den Sohlen eines Athleten. (...) Das sind Dinge, die einen bewegen, ehe man den Kern der Sache erfährt.«

Er ist ein großer Lehrmeister, weil er einen nicht aus den Augen läßt. Er läßt sich nichts vormachen. Warum sollte man Tricks anwenden, wenn er sie schon mit einem Blick durchschaut? Schon vor Godard war die Kamerafahrt eine Frage der Moral, die Wahl eines Adjektivs fällt in den Bereich der Ethik, und die Prägnanz ist eine Ehrensache.

Seine Ausschweifungen, seine Mißachtung gewisser Regeln, sein Abgleiten in die Karikatur hat Hemingway eines schönen Morgens mit einem Schuß aus dem Jagdgewehr bezahlt. Für mich ist die Sache damit abgeschlossen. Und wenn es noch den geringsten Vorbehalt geben sollte, braucht man nur ein paar *short stories* noch einmal zu lesen, zum Beispiel jene, die unter dem Titel *Der Sieger geht leer aus* erschienen sind, um die Sonne wieder scheinen zu lassen.

Ich habe auf meiner Liste noch Richard Brautigan und Raymond Carver. Eine Liste, die ich in aller Eile zusammengestellt habe, um zum Wesentlichen zu kommen. Um nicht die Autoren, die ich liebe, mit denen durcheinanderzubringen, die mich zutiefst und für immer geprägt haben. Das mag völlig idiotisch sein. Aber es geht eben darum, die wichtigsten Zweige zu benennen, auch wenn dadurch die Schönheit des Laubs vernachlässigt wird. Ein paar Namen zu nennen, die mir sofort in den Sinn kamen, schien mir die beste Methode zu sein, ein Beweis dafür, daß diese Autoren für mich etwas Besonderes darstellten.

Sich kurz zu fassen (ich bin davon überzeugt, daß man von einem Text dieser Art schnell genug hat) bringt nicht nur Vorteile mit sich. Durch die wenigen Worte, die ich den Untersuchungen über Céline und Kerouac hinzufüge, wird ihr Ruhm auch nicht unbedingt größer, und darüber hinaus sehe ich plötzlich all die anderen Autoren vor mir auftauchen, all die, von denen ich nicht gesprochen habe. Ich habe mich eine ganze Weile gefragt, warum Bukowski, Fante oder Leonard Cohen (der zwei herrliche Bücher geschrieben hat) anscheinend keine Gnade vor meinen Augen gefunden hatten. Oder auch Philip Roth, Martin Amis, John Gardner oder Bret Easton Ellis, mit denen ich ein paar schöne Stunden verbracht hatte. Je länger ich darüber nachdachte, desto größer wurde die Zahl derer, die ich als unvergeßlich erachte.

Das war so beunruhigend, daß ich fast alles hingeschmissen hätte. Der Druck, den die Abwesenden auf mich ausübten, war unerträglich. Andererseits hatte ich bereits einen Vorschuß für diese Arbeit erhalten. Ich befand mich also in einem richtigen Dilemma und ging in meinem Arbeitszimmer auf und ab. Ein Typ wie Robert McLiam Wilson könnte mir das wahnsinnig übelnehmen. Stephen Dixon würde möglicherweise nie mehr ein Wort mit mir wechseln. Ein paar Russen und ein paar Japaner würden mein Grab bespucken. Und wenigstens ein Argentinier, ein Portugiese und ein Tscheche. Diese ganze Geschichte wurde zu einem Albtraum.

Ich verdanke meiner Lektorin sehr viel, die mir in diesen Zeiten der Verwirrung zur Seite stand. Sie brachte äußerste Geduld auf und versicherte mir, daß es anderen ähnlich erging, daß auch sie sich büschelweise das Haar ausrissen oder in einer mehr oder weniger schicken Bar, von Gewissensbissen gequält, zusammenklappten. Sie machte außerdem eine Bemerkung, die meinem Gewissen und mir erlaubten, eine gewisse Verständigungsbasis wiederzufinden. »Sag bloß nicht«, seufzte sie, »daß all diese Leute wirklich dein Leben durcheinandergebracht haben!...«

Durcheinanderbringen: durch eine gewaltsame Handlung etwas in große Unordnung versetzen. Das war es also. Das hatte ich aus den Augen verloren. Und trotzdem (das wunderte mich sehr) hatte ich mich nicht geirrt: Die zehn Autoren, die ich gewählt hatte, waren tatsächlich jene, die mein Leben durcheinandergebracht hatten, und nicht nur mein Leben als Schriftsteller. Jeder von ihnen hatte auf seine Art meine Sichtweise verändert. Es handelte sich dabei nicht mehr um das Lesevergnügen (möglicherweise hatte ich bei anderen Autoren, die hier nicht aufgeführt sind, noch ein größeres Vergnügen beim Lesen empfunden), sondern um Erziehung, Einmischung, um Dinge, gegen die man vergeblich ankämpft.

Hemingway hatte erklärt, er habe Maupassant und Turgenjew k. o. geschlagen und sei im Begriff, mit Melville und

Dostojewskij das gleiche zu tun (mit Shakespeare und Tolstoi würde die Sache schon schwieriger werden, aber spätestens in der sechsten Runde würde es auch sie ereilen). Faulkner war der Ansicht, ein junger Schriftsteller solle sich nicht mit der Bewunderung für die Klassiker belasten: Sein Ehrgeiz müsse darin bestehen, sie zu übertreffen. Aber vielleicht ist es möglich, sich im Laufe der Zeit damit zu begnügen, sie nicht zu enttäuschen und einer gewissen Konzeption vom Akt des Schreibens treu zu bleiben (und ihnen dafür vielleicht gar dankbar zu sein) oder zumindest einer gewissen Art, die Welt zu erfassen (und dadurch sich selbst treu zu bleiben).

Es ist ratsamer, zunächst einmal zu einem Mann und erst dann zu einem Schriftsteller zu werden. Dabei kommt jeder auf seine Kosten. Aber da ich niemanden aufs Korn nehmen will, halte ich mich lieber aus dieser Debatte heraus, die nur das Image unseres Berufsstands schädigen kann, das insgesamt eher positiv, eher unbeschadet und sympathisch ist. Nein, ich wollte nur meinen Gedanken weiterverfolgen, nämlich daß mir diese Autoren nicht den Weg zur Literatur gewiesen haben, sondern einen viel glorreicheren Weg. Daß der Schock, den jeder von ihnen mir zugefügt hat, kaum etwas mit meiner Lieblingsbeschäftigung zu tun hat. Er war anderer Art. Das hat etwas mit meiner Vorstellung von Gut und Böse, von Hoch und Niedrig zu tun.

Das ist der Grund, weshalb ich sie gewählt habe. Oder, richtiger gesagt, weshalb sie sich mir aufgezwungen haben.

Richard Brautigan
Der Tokio-Montana-Express

Die meisten Schriftsteller möchten etwas Bleibendes hinterlassen. Man denkt dabei sogleich an etwas Klotziges, Schweres.

Die meisten Schriftsteller sind schwergewichtige Ambosse.

Aber manchmal stößt man auf einen, der die Leichtigkeit wählt. Nicht, weil es ihm an Tiefenschärfe, an Dichte oder an Intelligenz fehlte, im Gegenteil. Sondern nur, weil er besser ist als die anderen.

Richard Brautigan zum Beispiel kann eine griechische Tragödie in einem Fingerhut entfesseln. Oder ein Frauenhaar in einem Heuhaufen finden. Wer sonst ist dazu fähig? Die Schriftsteller sind wirklich nicht mehr witzig, sie sind die meiste Zeit damit beschäftigt, die Welt umzukrempeln, ihre Karriere voranzutreiben, an ihrem Image zu feilen, Autogramme zu geben oder auf möglichst vielen Literaturveranstaltungen gesehen zu werden. Ein Heer von Notaren, das bei miesem Herbstwetter auf die Straße geht, so weit das Image. Aber steckt nicht doch etwas mehr dahinter?

Unter Leichtigkeit ist die Fähigkeit zu verstehen, sich von der Luft tragen zu lassen. Zu schreiben, als säße man am Steuerknüppel eines Segelflugzeugs. Beispiel:

Love Poem

*It's so nice
to wake up in the morning
all alone
and not have to tell somebody
you love them
when you don't love them
any more*

Unter Leichtigkeit ist ein enger Bezug zum Unwägbaren zu verstehen und eine genaue Kenntnis dessen, was unendlich klein und nur sehr kurzlebig ist.

Die Quellen des Entzückens auf dieser Erde sind unerschöpflich. Alle Häßlichkeit, alle Dummheit, aller Gestank, die sich angesammelt haben, ändern nichts daran: Das Licht dringt durch den kleinsten Spalt herein. Und wenn man daran zweifelt, gibt es zwei Möglichkeiten, sich davon zu überzeugen: das *Tao-Te-King* und Richard Brautigan.

Wie alle zutiefst verzweifelten Menschen ist Brautigan zu höchster Komik und zu Anflügen von reinstem Optimismus fähig. Er entfesselt einen Schneesturm mit nur zwei Flocken, sieht darin, daß im Laden des Eisverkäufers mitten im Winter das Licht angeht, ein Zeichen für den nahenden Frühling, verwandelt leere Restaurants in Beerdigungsinstitute. *Der Tokio-Montana-Express* ist eine wahre Fundgrube. Hunderteinunddreißig kurze Erzählungen, hunderteinunddreißig Seitenblicke, hunderteinunddreißig poetische Stationen. Und daher ebenso viele Gründe dafür, die Welt in einem annehmbaren Licht zu betrachten.

Im Anschluß an das Festival von Monterey gegen Ende der sechziger Jahre feierte die »Gegenkultur« nach Ken Kesey oder Gary Snyder einen neuen Kultautor. Innerhalb weniger Tage war in den Schaufenstern fast aller amerikanischer Buchhandlungen der erste Roman von Richard Brautigan, *Forellenfischen in Amerika*, ausgestellt. Selbst in Frankreich war er kaum zu übersehen. Die Kluft zwischen diesen beiden Welten, die durch den Atlantik getrennt waren, wurde von Tag zu Tag kleiner, und das Foto von einem hochgewachsenen Typen mit langem blonden Haar, herabhängendem Schnurrbart und O-Beinen kam auch hier allmählich in Umlauf.

Damals rühmten zahllose Menschen die mit oder ohne Hilfe von Halluzinogenen entdeckten Reichtümer und Besonderheiten ihres eigenen Universums (das im allgemeinen farbig, leicht erotisch und seltsam oder auf jeden Fall ungeahnt war). Wenn man den Gerüchten Glauben schenken durfte, war jeder imstande, das Tor zu einem geheimnisvollen Garten aufzustoßen, in dem jeder Strauch eine bewundernswerte Essenz enthielt, was ja durchaus wahr sein mochte. Waren nicht ein gewisser verlorener Blick, eine gewisse Schwierigkeit beim Schlucken oder Schweißausbrüche ein Zeichen für die große Tiefe dieser unbekannten Welten?

Wie immer bestand die Schwierigkeit nur darin, diese Visionen auf die eine oder andere Weise wiederzugeben. Gut zwanzig Jahre zuvor hatte sich Kerouac mit einer ganzen Reihe von Gefährten auf den Weg gemacht, aber diejenigen, die das Ziel erreichten, ließen sich an fünf Fingern abzählen.

Das Verblüffendste an Brautigan ist seine außerordentliche Fähigkeit, den Geist dieser Zeit so gut zu treffen, die Michel Houellebecq neben ganz wenigen anderen gern schlechtmacht (aber ich möchte wetten, er wäre einer der schillerndsten Protagonisten dieser Generation geworden, wäre er zehn Jahre früher auf die Welt gekommen). Der Eindruck, ohne jede Art von Filter genau das zu lesen, was ich täglich erlebte, erschütterte mich bei der Lektüre von *Forellenfischen in Amerika* zutiefst. Das war eine unerwartete, benebelnde Erfahrung, die mir neu und außerordentlich angenehm war. Von allen Autoren, die ich bisher erwähnte, war Brautigan derjenige, dem ich mich damals am meisten verbunden fühlte (nicht so sehr im Denken – Brautigan ist verrückter als ich –, sondern eher durch das Gefühl, daß wir der gleichen Welt angehörten: Ich las Thoreau und Whitman, er hörte die Beatles und die Grateful Dead, und ich sah die gleichen Filme wie er, ich hörte die gleichen Nachrichten, war genauso gekleidet wie er, und mein Haar war genauso lang wie seins... kurz gesagt, wir lagen auf der gleichen Linie).

Was auch immer man darüber sagen mag, es waren schon ziemlich verrückte Jahre. Es bestand ein solcher Wunsch nach Veränderung, ein solch systematisches Bedürfnis nach Neuem und danach, die Dinge und erst recht das Denken zu verändern, daß nichts von diesem Wirbel unberührt zu bleiben schien. Ein großer Teil der Welt war in Wallung, ins Wanken geraten, während der andere trotzig Widerstand leistete und zahlreiche Nervenkrisen durchmachte.

Man weiß, auf welcher Seite Brautigan stand. Und man kann sich vorstellen, wie groß die Schwierigkeit für einen

Schriftsteller war, die Sache in den Griff zu bekommen. Wie sollte man mit dieser ausufernden Welt fertig werden, die sich ständig veränderte und aus allen Nähten platzte? In visueller Hinsicht waren die Dinge kaum noch wiederzuerkennen (violette Hemden, fluoreszierende Teppichböden, Polypen an allen Straßenecken, Zahnpasta mit Zebrastreifen, Warhol und Lichtenstein...). Und wenn man sich nicht die Ohren zuhielt, mußte man außerdem mit einem ununterbrochenen Strom von Musik rechnen, der von morgens bis abends anhielt und kein Genre verschonte. (Dreißig Jahre später schäme ich mich angesichts der folgenden Generationen fast davor zuzugeben, wie berauschend – und letztlich stimulierend – diese Umgebung, diese Lawine von Neuheiten war, deren wesentliches Merkmal durchaus darin bestanden haben mag, die Neuheit als solche, die Veränderung um jeden Preis anzustreben).

Forellenfischen in Amerika bietet einen guten Einstieg in sein Werk. Es ist ein schönes Beispiel für Brautigans Welt, seine geistige Struktur und zugleich ein schönes Porträt jener Zeit, eine getreue Darstellung ihres Aufbaus – mit der adäquaten Wiedergabe dieser beiden ist dem Schriftsteller etwas gelungen, was nahezu unmöglich schien. Es ist eine Erzählung, die weder Hand noch Fuß hat, eine lose Folge von Anekdoten, deren roter Faden sich auf das Glitzern einer Forelle (»eine Art kluges, vernunftbegabtes Edelmetall«) im Wasser eines Flusses beschränkt, mit Kapitelüberschriften wie »Vorspiel zum Mayonnaisenkapitel« oder »Eine halbe Sonntagshommage für einen ganzen Leonardo da Vinci«. Also eine Mischung aus Komik, Absurdität und poetischer Willkür in geballter Form, mit einer Leidenschaft fürs Detail, der Verweigerung der Abstraktion und einem Antirealismus ... kurz gesagt, eine Mischung, die wir in der Literatur nicht gewohnt sind.

Schriftsteller zu sein zu der Zeit, als Brautigan sein erstes Buch veröffentlichte, war anders als heute, wo wir das erstbeste Starlet umdrängen wie dummdreiste Groupies. Nein, die Leute mißtrauten den Schriftstellern. Musikern, Filmemachern oder Malern schenkte man leicht Vertrauen, aber was die Literatur anging, war man mit dem Herzen nicht mehr dabei. Abgesehen von Philip K. Dick, Hermann Hesse, Khalil Gibran und Alan Watts (und einigen anderen Autoren dieses Schlags) standen die Schriftsteller nicht mehr im Rampenlicht. Das soll nicht heißen, sie wären besonders schlecht oder neben der Spur gewesen, aber die Leute interessierten sich für etwas anderes, für andere Formen des Austausches, und die Literatur hatte Mühe mitzuhalten: Buchhandlungen waren nicht mehr Orte, in denen es Gedränge gab – oder wo man zumindest ein paar Leute traf.

Es schien, als gehörten Bücher einer miefigen Welt an, als wäre das Lesen eine ungesunde Beschäftigung (auf der Terrasse eines Cafés zu *lesen* konnte zu einem Handikap werden – es sei denn man las *Rolling Stone* oder besser noch *Cream*). Die Schwierigkeit lag vor allem in der Diskrepanz, in der Verspätung, die eine Emotion der anderen gegenüber hatte. Anders gesagt, in einer Zeit, in der sich jeder zu Tode langweilt, wird die Literatur in den Himmel gehoben. Aber sobald es wieder irgendwo brodelt, gerät sie ins Stocken und verliert ihre Macht: Plötzlich wirkt sie alt und verschrumpelt und interessiert nur noch ein paar perverse Typen oder Menschen ihres Alters.

Die Literatur hatte sich auf ihren Lorbeeren (Nachkriegsliteratur, Nouveau Roman…) ausgeruht und verfiel in den sechziger Jahren in eine Art Katerstimmung. Es war, als ginge ihr alles zu schnell, als habe sie Mühe mitzuhalten. Als fände sie diesen ganzen Wirbel viel zu vulgär. Und so ließ sie es zu, daß sich nach und nach eine tiefe Kluft bildete, bis sie inmitten all dieses Lärms und dieses Gärens mehr oder weniger absichtlich den Anschluß verpaßt hatte.

Selbstverständlich war Richard Brautigan nicht der einzige, der ihr zu einer neuen Blüte verhalf. Aber wer sonst hat schon die Fliesen seines Badezimmers abgesucht, um ein Haar seiner Geliebten zu finden, und darüber einen ganzen Roman geschrieben?

Ein Schriftsteller, der zu einer solchen Leistung fähig ist, ist zwangsläufig bereit, noch ganz andere zu vollbringen.

In jedem weiteren Buch hat sich Richard Brautigan damit vergnügt, immer neue Hindernisse zu überwinden – jedes Genre in die Luft zu sprengen, indem er sich den Kriminalroman, den Science-fiction-Roman, die Gothic Novel oder den pornographischen Roman vorknöpfte. Und damit bewies er, daß ein Schriftsteller einen ausgeprägten Sinn für Humor, Distanz und Spott besitzen kann, Eigenschaften, die so selten und wertvoll sind, daß er die Literatur mit einem Schlag auf die Hitliste brachte (einen LSD-Trip oder die neueste Led-Zeppelin-Platte gegen einen Roman von Brautigan zu tauschen wurde zu einer Notwendigkeit).

Den Gedanken, daß die ernsthaftesten Dinge der Welt –

die Liebe, die Literatur, das Ich – zugleich auch die witzigsten sein können, diesen einfachen, klaren und richtigen Gedanken hat Brautigan bis ins letzte durchgespielt und ihm alles abgewonnen, was man ihm abgewinnen kann. Für ihn ist nur witzig, was tiefsinnig ist, so wie nur Dinge, die eine Seele haben, leicht sein können.

Wir haben die Fähigkeit verloren, uns selbst zu belächeln und einen belustigten Blick auf die Welt zu werfen. Die heutigen Schriftsteller glauben derartig an das, was sie schreiben – vom Schwulen über die Hardcore-Schreiberin bis hin zur zartbesaiteten Seele, die nicht fehlen darf –, daß einem der Mund offenstehen bleibt und man sich fragt: Wie wollen die das bloß durchhalten? Wie wollen sie es anstellen, daß sie nicht am Boden zerstört enden? Und auch: Wie wollen sie bloß mit ihrer Geliebten auskommen, wenn sie sich weigern, kürzerzutreten? Und schließlich: Wie können sie uns helfen?

Man ist mir manchmal mit Richard Brautigans Stil auf den Wecker gefallen. Man hat mich gefragt, ob ich nicht gewisse Schwächen bemerkt habe, Dinge, bei denen er es sich etwas zu einfach gemacht habe, und ob ich mich folglich nicht etwas vorschnell für den Autor von *So the Wind Won't Blow it All Away* begeistert habe.

Es ist mir immer schwergefallen, darauf zu antworten. Diese Art von Fragen nervt mich. Und die Tatsache, daß sie nicht völlig unbegründet ist, nervt mich noch mehr.

Aber was kann man daraus über mich und meinen Gesprächspartner ableiten? Daß ein Dummkopf, wenn man mit dem Finger auf den Mond zeigt, den Finger anblickt.

Raymond Carver

Kann man von einem Schriftsteller sagen, daß man ihn über alles liebt?

Nun, zunächst einmal müßte der Stil dieses Schriftstellers für meine Ohren einen perfekten Klang haben, damit ich im äußersten Notfall fähig wäre, alle anderen zu opfern, um nur diesen Stil zu bewahren – denn er ist ihre Quintessenz oder, wenn Sie so wollen, ihre Vollendung.

Das ist schon eine ganze Menge.

Aber außerdem müßte dieser Schriftsteller, wenn er das Rennen machen will, eine Welt errichtet haben, die mir genau entspricht, und über Dinge reden, die für mich einen Sinn ergeben.

Doch leider ist das Zusammentreffen dieser beiden Bedingungen unmöglich. Aufgrund der Anzahl und der Unterschiedlichkeit der notwendigen Verbindungen wagt man nicht zu hoffen.

Und trotzdem liebe ich Raymond Carver über alles.

Durch Zufall las ich Mitte der sechziger Jahre mit großem Eifer John Gardner, und er beeindruckte mich sehr (»Es ist, als habe mich Gott auf diese Erde kommen lassen, damit ich schreibe«, erklärte er). Meine Neugier war auch durch die Kurse in *creative writing* geweckt worden, die er gegeben hatte, ehe er durch einen Motorradunfall ums Leben kam. Nachdem ich ein paar Nachforschungen angestellt hatte, erfuhr ich, daß ein gewisser Raymond Carver sein Schüler gewesen war.

Was kam dabei raus, wenn man John Gardner als Lehrer gehabt hatte? Raymond Carver hat erklärt, er verdanke ihm zweifellos eine maßlose Neigung zum Überarbeiten und Korrigieren. »Er hat mir gezeigt, wie man mit möglichst wenigen Worten das sagen kann, was man zu sagen hat... Und er unterstrich immer wieder die Notwendigkeit, die Umgangssprache zu verwenden, die uns allen geläufig ist, die Sprache, die wir jeden Tag verwenden.«

Auch wenn John Gardner in seinem Unterricht vor allem die Notwendigkeit hervorgehoben hat, eine moralische Literatur zu schaffen (»Eine moralische Haltung innerhalb der Literatur ist in erster Linie die Art, wie die Dinge dargestellt werden. Die moralische Kunst beruht auf der Voraussetzung, daß das Leben mehr wert ist als der Tod: Die Kunst ist auf der Suche nach Wegen, die zum Leben führen. Ein Buch ist dann gelungen, wenn wir zutiefst davon überzeugt sind, daß die Hauptfiguren ihren Lebenskampf auf ehrliche Weise gewonnen haben oder daß sie, wenn sie verlieren, in ihrer Niederlage eine tragische Haltung zeigen und nicht jämmerlich oder verbissen sind«), scheint er dabei nicht vergessen zu haben eine solide Methode (Einstellung) zu lehren, wie man zu schreiben hat. Die Umgangssprache benutzen, möglichst wenige Worte verwenden, um das zu sagen, was man zu sagen hat, den Text bis zum Gehtnichtmehr überarbeiten und korrigieren... Wirklich? So einfach ist das also?

Doch genug gescherzt. Raymond Carver schreibt göttlich, und jede Diskussion darüber kann nur Idioten oder Korinthenkacker interessieren.

Ich weiß, daß viele Schriftsteller noch im dunkeln tappen, daß sich andere auf seltsame Gebiete vorwagen und einer ganzen Menge alles scheißegal ist, aber genug gescherzt: Daß ein ziemlich ungebildeter, versoffener amerikanischer Prolet ein begnadeter Schriftsteller sein kann, das muß man einfach hinnehmen. Ohne Zähneknirschen, aber auch ohne falsche Begeisterung. Wir sollten diejenigen, die nicht wissen, daß sich in der Literatur der Adelstitel ausschließlich durch Arbeit erwerben läßt, nicht noch mehr verwirren.

Die Einfachheit – sparsame Mittel, eine gewisse Trockenheit –, die ich in bezug auf das Schreiben erwähnt habe, läßt sich mit einem Knochen oder einem Kern vergleichen, und zwar in dem Sinne, daß man tiefer nicht bohren, weiter nicht gehen kann. Seltsamerweise nennt man in der Literatur einen Stil »minimalistisch«, der jeden Satz zu Dynamit werden läßt und somit eine maximale Wirkung erzeugt. Aber lassen wir das beiseite. Der Knochen (das Harte) wird erst dann sichtbar, wenn das Fleisch (das Weiche) entfernt worden ist. Glauben Sie nicht, ich hätte das erfunden. Man kann mir vorwerfen, ich sei voreingenommen, zugegeben, das tut mir leid, aber erfunden habe ich das nicht. Der Knochen tritt, wie man mir zugestehen wird, erst nach Ablauf eines Prozesses zutage, den John Gardner seinen Schülern endlos und in allen Einzelheiten gepredigt hat. Wann wird also endgültig anerkannt, daß es schwieriger ist, etwas zu streichen, als etwas hinzuzufügen? Und daß diese Arbeit, je mehr man sich dem Kern nähert, äußerstes Fingerspitzengefühl erfordert?

Es ist schon fast zum Lachen, wenn man Tag für Tag noch immer hören muß, wie reich ein Stil, wie prachtvoll eine Art zu schreiben sei oder was für ein prasselndes Feuerwerk Hinz oder Kunz (der im Augenblick verdammt gut drauf ist, geradezu in dionysischer Form, diese Bestie!...) vor unseren Augen entzündet hat. Man lächelt diskret, wenn diese traumhaften Seiten, diese unvergeßlichen Werke, diese hoch über der Masse der anderen schwebenden Autoren erwähnt werden, die sich auf dem Gipfel ihres Talents sonnen. Die Kritiker – ich spreche hier nicht von den Querköpfen, von den echten Kennern und auch nicht von den bescheidenen unter ihnen – bilden einen Chor, dessen Wohlklang beklatscht wird, wobei man sich sagt, mein Gott, was für ein Zusammentreffen von Scharfblick, von gutem Geschmack, von Mut, von frischem Blut und, vor allem, was für ein Segen für die Literatur!

Genau in diesem Augenblick kommt meine Tochter herein und fragt mich, nachdem sie einen Blick über meine Schulter geworfen und ein paar Zeilen gelesen hat, was denn mit mir los sei. Hör zu, mein Schatz, eine Sache muß ich dir erklären: Ein vernünftiger Mensch kann sich nicht um alles kümmern und mischt sich nicht in Dinge ein, die ihn nichts angehen. Du kennst mich ja. Aber das hier ist mein Job. Hier geht es um meine Branche. Ich gehe nicht zu den Wahlen unserer Gewerkschaftsvertreter und gebe auch niemandem dafür meine Vollmacht. Das verstehst du doch, nicht wahr? Wenn du an meiner Stelle wärst und dich tagelang nur unter den feinsten Leuten aufgehalten hättest, ich meine, in Gesellschaft der größten Autoren, dann würdest du auch in Wut geraten und das Bedürfnis nach Wahrheit und Ruhe empfinden.

Meine Tochter, du siehst, daß in meinem Arbeitszimmer kein Schriftstellerporträt mehr an der Wand hängt. Dafür bin ich zu alt. Du kannst mir nicht den Vorwurf machen, daß ich nur noch über Literatur nachdenke und dir damit von morgens bis abends in den Ohren liege. Wie mir scheint, bin ich wirklich nicht sentimental, habe ich nicht das blutende Herz eines alten, vergrätzten Groupies. Nein, komm mir nicht damit. Du kannst mir glauben, wenn ich dir sage, daß der Kampf noch nicht gewonnen ist. Daß auf diesem Gebiet, genau wie überall, negative Kräfte wirksam sind, die bestenfalls nur passiven Widerstand leisten, aber, wie schon gesagt, doch eher negativ sind und einem vor allem auf die Nerven gehen, wenn ich ganz ehrlich sein darf. Geh bloß nicht davon aus, daß der ehrliche Mensch unter diesen Umständen den Sieg davonträgt, glaube nicht, daß Raymond Carver Einhelligkeit erzielt und daß wir die Hände in den Schoß legen und in Ruhe schlafen können. Es sind zu viele negative Kräfte da. Zu viele Kritiker und Kritikerinnen und zuviel Egoismus. Zuviel verzweifeltes Machtstreben. Ein zu weit verbreiteter Konsens.

Meine Tochter, an dem Tag, an dem Raymond Carver ebenso gewürdigt wird wie Nabokov, kannst du sehen, wie dein Vater aus dem Grab steigt.

Du mußt wissen, daß ein nüchterner Stil, der auf alles schmückende Beiwerk verzichtet, nicht überall auf Zustimmung stößt. Dein Vater hat nicht etwa gegen Windmühlenflügel gekämpft. Sieh dir mal die Literaturseiten an. Es gibt Mädchen in deinem Alter, die schreiben für Zeitschriften, schreiben über Autoren und haben einen dermaßen schlechten Geschmack, oje oje, sie sind völlig neben der Spur... Sie sind total, wie soll ich sagen, total *akademisch*. Verstehst du, sie haben solche Angst, daß man sie für dumme Ziegen hält. Ja natürlich, bei den jungen Kerlen ist das genauso. Ich habe von Mädchen gesprochen, weil du ein Mädchen bist, aber das hat mit dem Geschlecht nichts zu tun. Ich meine, ich könnte das ja noch verstehen, wenn es sich um eine Horde alter Knacker handelte. Ich könnte verstehen, daß sie wieder ihren Zirkus veranstalten. Und das würde mich nicht im geringsten stören, sie können ruhig auf den Putz hauen und sich aufspielen, soviel sie wollen. Das würde mich überhaupt nicht stören. Ich schenke ihnen schon seit Ewigkeiten keine Beachtung mehr. Aber junge Menschen in deinem Alter, mein Schatz... junge Menschen, die so wenig Geschmack haben, so wenig Humor, so wenig Rückgrat, glaubst du, ich fände das witzig? Leute, die sich nur für ihren eigenen Klüngel stark machen und dabei so plump vorgehen, glaubst du, das machte mir Spaß?

Du meinst wohl, ich sähe überall Ungeheuer. Was es bringt, fragst du, soviel Zoff wegen einer Bande von inkompetenten, verbitterten Aufschneidern zu machen?

Es bringt Erleichterung. Es tut gut. Es tut sogar verdammt gut.

Doch sag das nicht weiter, das ist nicht nötig, sonst gibst du ihnen nur neuen Zündstoff. Aber ich muß zugeben, das macht richtig Spaß. Nachdem man fünfundzwanzig Jahre lang geschrieben hat, fünfundzwanzig Jahre gezwungen war, sich durchzuschlagen, sich mit unendlich viel Geduld von morgens bis abends das Hirn zu zermartern, hat man eine Mordslust, sich diese Zicken vorzuknöpfen und zwei oder drei von diesen Grünschnäbeln, die uns Vorschriften machen wollen, in die Pfanne zu hauen. Man möchte sich fast lieber mit seinen Freunden verkrachen, als auf diesen Spaß zu verzichten. Es ist ein ungeheures Vergnügen, das einen so richtig befreit und fröhlich macht. Genau wie Sport.

Ich erwarte nicht einmal mehr, daß sie eine schräge Bemerkung machen. Was soll's? Ich begegne ihnen manchmal in irgend so einem Tempel für dies oder das, und ich weiß genau, was ich tue. Mir ist klar, auf welchem Gebiet wir uns nicht verstehen können. Mädchen in deinem Alter. Und was haben die vorzuweisen? Hundert Schreibmaschinenseiten? Ein dünnes Buch? Ich weiß, daß ich mir nicht die Hände reiben sollte. Ich weiß, daß ich nicht stolz darauf sein sollte. Aber wie soll man sich zurückhalten? Wie soll man diese Art von Erektion unterdrücken? Wie soll man sich davon abhalten, ein Blatt Papier zu nehmen und ein paar Sätze zu schreiben, an denen man sich hochziehen kann? Ziemlich brodelnde Gefühle, ein zorniges Herz und ein paar Prügelknaben zu haben, ist das nicht das Paradies für einen Schriftsteller? Ist das nicht die schönste Belohnung?

Raymond Carver hatte so viel zu sagen, und er gestand sich nur so wenige Worte zu, um diese Dinge auszudrükken. Sie sind wie aus Elfenbein geschnitzt. Um etwas richtig verstehen zu können, muß man in Wut, total verliebt oder unglücklich, also auf die eine oder andere Weise erregt oder wie elektrisiert sein. Anschließend muß man sich in eine winzige Schachtel zwängen, sich klein machen und zusammenrollen. Ich kenne nicht viele, die das schaffen. Man kann neidisch werden, wenn man sie sieht.

Man kann nicht viel mehr tun, als sich eine gewisse Wachsamkeit zu bewahren. Sich Sommer wie Winter in Form zu halten. In Form zu sein ermöglicht es, Raymond Carver zu verstehen. Im übrigen gibt es kein anderes Mittel. Egal, wer angefangen hat. Man muß wenigstens einmal am Boden zerstört gewesen sein. Wenigstens einmal in ein tiefes Loch gefallen sein. Aber in fünfundzwanzigjähriger Literaturpraxis dürfte man dem wohl kaum entgangen sein. Wohl kaum.

Vor fünfundzwanzig Jahren lebtest du noch nicht. Vielleicht habe ich an eine Kurzgeschichte von Raymond Carver gedacht, als du deinen ersten Schrei ausgestoßen hast. Ich habe mir gesagt, daß man nie total im Dunkeln sitzt. Man hat immer das Gefühl, daß da noch jemand ist. Es gibt immer jemanden, der einen leiten kann. Und deshalb ist da nicht nur die Wut, nicht nur der Zorn, sondern auch eine gewisse Dankbarkeit. Ich sagte mir, da ist einer, der wie ein Feuerball am Himmel entlangzieht und die Weltmeere durchpflügt. Da ist einer, den ich liebe wie keinen anderen.

Der einzige Grund zu schreiben, der eine gewisse Würde hat – die anderen zwingen uns, den Kopf zu senken –, ist das Bedürfnis, sein Bestes zu geben. Ohne Hintergedanken. Das fundamentale Bedürfnis, alles zu geben, was man geben kann. Wenn ich sehe, was Raymond Carver gemacht hat, habe ich persönlich keine Lust, mir den Bauchnabel in einem Spiegel anzusehen. Sondern ich habe Lust, mir die Schultern zu peitschen. Ja, tatsächlich. Wenn ich eine Kurzgeschichte, ein Gedicht oder was auch immer von Raymond Carver lese, weiß ich, was mich dazu antreibt, mich zu verbessern. Ich weiß, woher das kommt.

Es verschlägt mir den Atem, wenn ich daran denke. Es ist, als begegneten Sie einer Frau, die Ihnen die Fähigkeit nimmt zu lügen, zu betrügen oder den Idioten zu spielen, und statt jemanden umbringen zu wollen, haben Sie nur noch den Wunsch, die ganze Welt zu umarmen.

Nach Raymond Carver ist mir das nie wieder so ergangen, zumindest habe ich diesen Eindruck. Ich könnte eine ganze Reihe von Autoren neben ihn stellen, unglaubliche Schriftsteller, die einen in die Knie zwingen, und sogar ganz neue, Typen, die noch nicht ein Zehntel ihres Werks geschrieben haben, ich könnte eine ganze Stunde lang ihre Namen aufzählen, aber nicht einer von ihnen würde ihn übertreffen. Er wäre ihnen immer eine Nasenlänge voraus.

Es ist ein Platz, der nur schwer zu erringen ist. Er ist nicht uneinnehmbar, aber wenn ich an all die denke, denen es nicht gelungen ist, muß ich zugeben, daß die Aussichten sehr gering sind. Auf jeden Fall habe ich diese Zeilen beendet, ehe mir irgend etwas zugestoßen ist, und daher kommt nach Raymond Carver nichts mehr.

Ich habe nicht gesagt, daß nichts *über ihn* geht, ich sage nur, daß *nach ihm* nichts mehr kommt.

Bibliographie der besprochenen Werke

Salinger, Jerome David, *The Catcher in the Rye*. London 1951. Deutsche Neuübersetzung: *Der Fänger im Roggen*. Aus dem Amerikanischen von Eike Schönfeld. Kiepenheuer & Witsch, Köln 2003.

Céline, Louis-Ferdinand, *Mort à crédit*. Paris 1936. Deutsche Erstausgabe: *Tod auf Kredit*. Autorisierte, nach Werner Bökenkamp bearb. Übertragung. Rowohlt, Reinbek bei Hamburg 1974.

Céline, Louis-Ferdinand, *Voyage au bout de la nuit*. Paris 1932. Deutsche Neuübersetzung: *Reise ans Ende der Nacht*. Aus dem Französischen von Hinrich Schmid-Henkel. Rowohlt, Reinbek bei Hamburg 2003.

Cendrars, Blaise, *Du monde entier, au cœur du monde*. Paris 1947. Deutsche Erstausgabe: *Gedichte III*. Französisch–Deutsch. Aus dem Französischen von Jürgen Schroeder. Arche Verlag, Zürich 1978.

Kerouac, Jack, *On the Road*. New York 1957. Deutsche Erstausgabe: *Unterwegs*. Aus dem Amerikanischen von Thomas Lindquist. Rowohlt, Reinbek bei Hamburg 1998.

Melville, Herman, *The Whale*. New York 1851. Deutsche Neuübersetzung: *Moby-Dick oder Der Wal*. Aus dem Amerikanischen von Matthias Jendis. Herausgegeben von Daniel Göske. Carl Hanser Verlag, München-Wien 2001.

Miller, Henry, *Sexus*. Paris 1949. Deutsche Erstausgabe: *Sexus*. Aus dem Amerikanischen von Kurt Wagenseil. Rowohlt, Reinbek bei Hamburg 1970.

Miller, Henry, *Plexus*. Paris 1953. Deutsche Erstausgabe: *Plexus*. Aus dem Amerikanischen von Kurt Wagenseil. Rowohlt, Reinbek bei Hamburg 1955.

Miller, Henry, *Nexus*. Paris 1960. Deutsche Erstausgabe: *Nexus*. Aus dem Amerikanischen von Kurt Wagenseil. Rowohlt, Reinbek bei Hamburg 1961.

Faulkner, William, *As I Lay Dying*. New York 1930. Deutsche Erstausgabe: *Als ich im Sterben lag*. Aus dem Amerikanischen von Albert Hess u. Peter Schünemann. Diogenes, Zürich 1973.

Hemingway, Ernest, *The Old Man and the Sea*. New York 1952. Deutsche Erstausgabe: *Der alte Mann und das Meer*. Aus dem Amerikanischen von Annemarie Horschitz-Horst. Rowohlt, Reinbek bei Hamburg 1952, 1977.

Hemingway, Ernest, *A Clean Well-Lighted Place*. In: *The Winner Takes Nothing*. New York 1933. Deutsche Erstausgabe: *Ein sauberes, gutbeleuchtetes Café*. In: *Der Sieger geht leer aus*. Aus: *Die Stories. Gesammelte Erzählungen*. Aus dem Amerikanischen von Annemarie Horschitz-Horst. Rowohlt, Reinbek bei Hamburg 1950, 1977.

Hemingway, Ernest, *The Sun also Rises*. New York 1926. Deutsche Erstausgabe: *Fiesta*. Aus dem Amerikanischen von Annemarie Horschitz. Rowohlt Verlag, Reinbek bei Hamburg 1977.

Brautigan, Richard, *The Tokyo-Montana Express*. New York 1982. Deutsche Erstausgabe: *Der Tokio-Montana-*

Express. Aus dem Amerikanischen von Günter Ohnemus. Eichborn Verlag, Frankfurt 1987.

Carver, Raymond, *Will You Please Be Quiet, Please?* New York 1976. Deutsche Erstausgabe: *Würdest du bitte endlich still sein, bitte*. Aus dem Amerikanischen von Helmut Frielinghaus. Berlin Verlag, Berlin 2000.

Carver, Raymond, *What We Talk About When We Talk About Love*. New York 1981. Deutsche Erstausgabe: *Wovon wir reden, wenn wir von Liebe reden*. Aus dem Amerikanischen von Helmut Frielinghaus. Berlin Verlag, Berlin 2000.

Carver, Raymond, *Cathedral*. New York 1983. Deutsche Erstausgabe: *Kathedrale*. Aus dem Amerikanischen von Helmut Frielinghaus. Berlin Verlag, Berlin 2001.

Carver, Raymond, *No Heroics, Please*. Hg. von William L. Stull. New York 1992.

Carver, Raymond, *Where I'm Calling From*. New York 1988.

Carver, Raymond, *Call if You Need Me*. Hg. von William L. Stull. New York 2000.

Deutsche Erstausgabe letztgenannter drei Werke: *Erste und letzte Stories*. Aus dem Amerikanischen von Helmut Frielinghaus. Berlin Verlag, Berlin 2002.

Nachweis der Zitate

Wenn nicht anders vermerkt, sind die Zitate von Uli Wittmann übersetzt.

7 Charles Bukowski, aus: *Preface* zu John Fante, *Ask the dusk*, Santa Barbara 1979.
11 William Shakespeare, aus: *Hamlet*. Deutsch von A.W. v. Schlegel/L. Tieck. Diogenes. Zürich 1979.
Henry Miller, aus: *The Books in my Life*. Die deutsche Ausgabe ist gekürzt unter dem Titel *Die Kunst des Lesens, Ein Leben mit Büchern*, bei Rowohlt, Reinbek bei Hamburg 1963, erschienen.
Jerome David Salinger, aus: *Der Fänger im Roggen*. Neu übersetzt von Eike Schönfeld. Kiepenheuer und Witsch, Köln 2003.
Louis-Ferdinand Céline, aus: *Céline vous parle*. Monologues de Céline, Disques Festival 1958. Dieses Zitat ist auch das Motto zu Philippe Djian, *Blau wie die Hölle*, Diogenes, Zürich 1990.
43 Henry Miller, aus: *The Books in my Life*. Vgl. Anm. zu S. 11.
45 Blaise Cendrars, aus: *Eine Nacht im Wald*. Aus dem Französischen von Trude Fein. In: *Gleitflug. Erzählungen*. Arche Verlag, Zürich 1976.

50 Blaise Cendrars, aus: *Gedichte III*. Französisch–Deutsch. Aus dem Französischen von Jürgen Schröder. Arche Verlag, Zürich 1978. Es ist die dritte Strophe des Gedichts ›Tu es plus belle que le ciel et la mer‹/›Du bist schöner als der Himmel und das Meer‹ aus dem Zyklus ›Feuilles de route‹/›Frachtbriefe‹.

51 Blaise Cendrars, beide aus: *Moravagine – Der Moloch*. Aus dem Französischen von Lotte Frauendienst. Arche Verlag, Zürich 1975.

68 Herman Melville, aus: *Moby-Dick oder Der Wal*. Neu übersetzt von Matthias Jendis. Herausgegeben von Daniel Göske. Carl Hanser Verlag, München-Wien 2001.

72 Henry Miller, aus: *The Books in my Life*. Vgl. Anm. zu S. 11.

74 Norman Mailer, aus: *Genius and Lust – A Journey Through the Major Writings of Henry Miller*. New York 1976.

79 Lawrence Durrell/Henry Miller, aus: *A Private Correspondence*. Deutsche Ausgabe: *Briefe 1935–1959*. Hg. von George Wickes, Rowohlt, Reinbek bei Hamburg 1967.

82 André Malraux, aus: *Intrusion de la tragédie grecque dans le roman policier*. Aus dem Französischen von Hans Wollschläger. Deutsch als Vorwort zu William Faulkner, *Die Freistatt*. Diogenes, Zürich 1973.

86 William Faulkner, aus: *The Paris Review Book*. Hg. von George Plimpton, New York 2003.

87 Jack Kerouac, aus: *Belief and Technique for Modern Prose*. New York 1959.

95 Ernest Hemingway, aus: *Selected Letters 1917–1961*. Edited by Carlos Baker, New York 1981.

- 95 Maurice-Édgar Coindreau, aus: Pierre-Yves Pétillon, *Histoire de la littérature américaine: notre demi-siècle, 1939–1989*. Paris 1992.
- 96 Ernest Hemingway, aus: *Ein sauberes, gutbeleuchtetes Café*. In: *Der Sieger geht leer aus*. Aus: *Die Stories. Gesammelte Erzählungen*. Deutsch von Annemarie Horschitz-Horst. Rowohlt, Reinbek bei Hamburg 1950, 1977.
- 97 Ernest Hemingway, aus: *Selected Letters 1917–1961*. Edited by Carlos Baker, New York 1981.
- 102 Richard Brautigan, aus: *All Watched Over by Machines of Loving Grace*. San Francisco 1967.
- 105 Richard Brautigan, aus: *Forellenfischen in Amerika*. Aus dem Amerikanischen von Günter Ohnemus. Eichborn Verlag, Frankfurt am Main 1987.
- 109 John Gardner, aus: *The Paris Review Book*. New York 2003.
- 110 Raymond Carver, aus: *Fires*. London 1985.
- 110 John Gardner, aus: *The Paris Review Book*. New York 2003.

Personen- und Werkregister

Die Werktitel sind sowohl einzeln alphabetisch wie auch gesammelt unter ihrem entsprechenden Urheber zu finden. Gerade Zahlen verweisen auf den Haupttext, kursive auf den Anhang.

Absalom, Absalom (s. u. William Faulkner) 82 f.
Als ich im Sterben lag (s. u. William Faulkner) 82 ff., *120*
Amis, Martin 98
Anderson, Sherwood 9, 62
Apollinaire, Guillaume [75]
  Die elftausend Ruten 75
Ask the Dusk (s. u. John Fante) 7, *122*
Auf der Suche nach der verlorenen Zeit (s. u. Marcel Proust) 15
Bagatellen für ein Massaker (s. u. Louis-Ferdinand Céline) 33
Balzac, Honoré de 12, 16
Bataille, Georges 75 f.
Beatles 104
Bellow, Saul 94
Black Panthers 62
Brando, Marlon 10, 38
Brautigan, Richard 9, 13 f., 97, 101 ff., *120*, *124*
  Der Tokio-Montana-Express 101 ff., *120*
  Forellenfischen in Amerika 103 ff., *124*
  So the Wind Won't Blow it All Away 108
Bukowski, Charles 7, 11, 98, *122*
Cantos (s. u. Ezra Pound) 36
Cartland, Barbara 12
Carver, Raymond 10, 49 f., 97, 109 ff., *121*, *124*
Čechov, Anton 15
Céline, Louis-Ferdinand 10, 30 ff., 53 f., 72, 79, 98, *119*, *122*
  Bagatellen für ein Massaker 33
  Reise ans Ende der Nacht 30 f., 38
  Tod auf Kredit 30 ff., *119*
Cendrars, Blaise 10, 41 ff., 53 f., 57, 79, *119*, *122* f.
  Du monde entier 41 ff., *119*
  Moravagine 51, *123*
Cervantes, Miguel de 9 f., 16
Chaplin, Charlie 46
Chateaubriand, François-René de 12

Coelho, Paulo 12
Cohen, Leonard 98
Coindreau, Maurice-Edgar 95, *124*
Conrad, Joseph 66
  Lord Jim 66
Cream 106
Dean, James 10, 38
Delaunay, Sonia 46
Der alte Mann und das Meer (s. u. Ernest Hemingway) 91, *120*
Der Bürger als Edelmann (s. u. Molière) 24
Der Fänger im Roggen (s. u. Jerome David Salinger) 7, 10, 12, 18 ff., *119*, *122*
Der Koloß von Maroussi (s. u. Henry Miller) 79
Der Sieger geht leer aus (s. u. Ernest Hemingway) 97, *120*, *124*
Der Tokio-Montana-Express (s. u. Richard Brautigan) 101 ff., *120*
Dick, Philip K. 68, 106
Die elftausend Ruten (s. u. Guillaume Apollinaire) 75
Die Freistatt (s. u. William Faulkner) 82, *123*
Die Kunst des Lesens (s. u. Henry Miller) 11, 43, *122*
Die Nick-Adams-Stories (s. u. Ernest Hemingway) 97
Dixon, Stephen 99
Dostojewskij, Fjodor 8, 12, 100
Drouet, Minou 15
Du monde entier (s. u. Blaise Cendrars) 41 ff., *119*
Durrell, Lawrence 79, *123*
Dylan, Bob 10, 30
Ein sauberes, gutbeleuchtetes Café (s. u. Ernest Hemingway) 96, *120*, *124*

Ellis, Bret Easton 16, 27, 98
Ellroy, James 68
Emerson, Ralph Waldo 64
Fante, John 7, 9, 98, *122*
  Ask the Dusk 7, *122*
Faulkner, William 9, 74, 82 ff., 100, *120*, *123*
  Absalom, Absalom 82 f.
  Als ich im Sterben lag 82 ff., *120*
  Die Freistatt 82, *123*
  Licht im August 82, 84, 86
  Schall und Wahn 82, 84 ff.
Ferlinghetti, Lawrence 62
Fiesta (s. u. Ernest Hemingway) 91, *120*
Fitzgerald, F. Scott 74
Flaubert, Gustave 12 ff.
  Madame Bovary 69
Ford, Richard 62
Forellenfischen in Amerika (s. u. Richard Brautigan) 103 ff., *124*
Frank, Bernard 35
Gance, Abel 46
Gardner, John 69, 98, 109 ff., *124*
Gibran, Khalil 106
Ginsberg, Allen 60
  Howl 60
Goldhelm 38
Grateful Dead 104
Hamlet (s. u. William Shakespeare) 11, *122*
Hawthorne, Nathaniel 62
Hemingway, Ernest 41, 74, 91 ff., 100, *120*, *124*
  Der alte Mann und das Meer 91, *120*
  Der Sieger geht leer aus 97, *120*, *124*
  Die Nick-Adams-Stories 97

Ein sauberes, gutbeleuchtetes Café 96, *120*, *124*
Fiesta 91, *120*
Hesse, Hermann 106
Homer 12
Houellebecq, Michel 104
Howl (s. u. Allen Ginsberg) 60
Huxley, Aldous 62
Jauffret, Régis 59
Joyce, James 8, 34, 80, 84
 Ulysses 9, 82, 84 f.
Kerouac, Jack 9 ff., 49 f., 53 ff., 72, 80 f., 87, 89, 98, 103, *119*, *123*
 Unterwegs 53 ff., 64, 119
Kesey, Ken 103
Kipling, Rudyard 66
Konfuzius 62
Lady Chatterley (s. u. D. H. Lawrence) 75
Lawrence, D. H. 75
 Lady Chatterley 75
Lao-Tse 10, 62
 Tao-Te-King 102
Larbaud, Valery 84
Licht im August (s. u. William Faulkner) 82, 84, 86
Lolita (s. u. Vladimir Nabokov) 8, 51
Lord Jim (s. u. Joseph Conrad) 66
Lowry, Malcolm 13, 84
 Unter dem Vulkan 12, 84
Madame Bovary (s. u. Gustave Flaubert) 69
Mailer, Norman 74 f., 94, *123*
Mallarmé, Stéphane 15
Malraux, André 82, *123*
Maupassant, Guy de 15, 17, 100
McLiam Wilson, Robert 99
Melville, Herman 64 ff., 100, *119*, *123*

Moby-Dick 64 ff., 82, *119*, *123*
Milhaud, Darius 46
Miller, Henry 8, 11, 43, 71 ff., *120*, *122*
 Der Koloß von Maroussi 79
 Die Kunst des Lesens 11, 43, *122*
 Nexus 71 ff., *120*
 Plexus 71 ff., *120*
 Sexus 71 ff., *120*
 Wendekreis des Krebses 73, 79
 Wendekreis des Steinbocks 73, 79
Moby-Dick (s. u. Herman Melville) 64 ff., 82, *119*, *123*
Molière 24
 Der Bürger als Edelmann 24
Moravagine (s. u. Blaise Cendrars) 51, *123*
Murakami, Haruki 16
Musashi, Miyamoto 62
Nabokov, Vladimir 8, 11, 15, 40, 51 f., 80, 113
 Lolita 8, 51
Nexus (s. u. Henry Miller) 71 ff., *120*
Ordoñez, Antonio 96
Paludan, Jacob 60
Paris–Hollywood 75
Paris Review 86
Pascal, Blaise 14
Paz, Octavio 60 f.
Plexus (s. u. Henry Miller) 71 ff., *120*
Pound, Ezra 8, 35
 Cantos 36
Proust, Marcel 12 f., 15, 80
 Auf der Suche nach der verlorenen Zeit 15
Reed, Lou 57
Racine, Jean 69

Reggiani, Serge 38
Reise ans Ende der Nacht (s. u. Louis-Ferdinand Céline) 30 f., 38
Rolling Stone 106
Rot und Schwarz (s. u. Stendhal) 69
Roth, Philip 27, 98
Sade, Marquis de 37, 75 f.
Saint-Simon, Claude-Henri 12
Salinger, Jerome David 7, 10, 14 f., 18 ff., 32, 38, 40, 53 f., 64, *119*, *122*
  Der Fänger im Roggen 7, 10, 12, 18 ff., *119*, *122*
Saroyan, William 9, 45
Schall und Wahn (s. u. William Faulkner) 82, 84 ff.
Sexus (s. u. Henry Miller) 71 ff., *120*
Shakespeare, William 41, 69, 100, *122*
  Hamlet 11, *122*
  Sonette 41
Snyder, Gary 103
Sonette (s. u. William Shakespeare) 41
So the Wind Won't Blow it All Away (s. u. Richard Brautigan) 108
Spinoza, Baruch 12

Stendhal 12
  Rot und Schwarz 69
Stevenson, Robert Louis 66
Sun-Tsu 62
Tao-Te-King (s. u. Lao-Tse) 102
Thoreau, Henry David 62, 64, 104
Tod auf Kredit (s. u. Louis-Ferdinand Céline) 30 ff., *119*
Tolstoi, Leo 40, 100
Turgenjew, Iwan 100
Ulysses (s. u. James Joyce) 9, 82, 84 f.
Unter dem Vulkan (s. u. Malcolm Lowry) 12, 84
Unterwegs (s. u. Jack Kerouac) 53 ff., 64, *119*
Vailland, Roger 36
Valéry, Paul 14
Watts, Alan 62, 106
Wells, H. G. 16
Wendekreis des Krebses (s. u. Henry Miller) 73, 79
Wendekreis des Steinbocks (s. u. Henry Miller) 73, 79
Whitman, Walt 41, 64, 84, 104
Williams, William Carlos 84
Wolfe, Thomas 74
Zeppelin, Led 107
Zola, Émile 16